재미솔솔

유머

재미솔솔 유머

재미솔솔 유머

초판 1쇄 인쇄 | 2009년 9월 20일
초판 1쇄 발행 | 2009년 9월 25일

펴낸곳 | 도서출판움터미디어

등록 | 1995.09.22(제313-2009-155호)
주소 | 서울시 마포구 대흥동 165-3
전화 | 02-926-4094 팩스 | 02-926-4097

ISBN 798-89-86755-40-4

*잘못 만들어진 책은 바꾸어 드립니다.

편집 | 02-925-9033

재미솔솔
유머

목 차 CONTENTS

목 차 CONTENTS

당신은 날마다 그 생각 뿐이야?

남편을 섹스환자로 몰아가는 말은 장난이라도 기분 나쁘다. 섹스는 두 사람이 마음이 맞아 하는 행위인데 마치 자신은 생각없는데 늘 남편이 요구해서 마지못해 응하는 식의 말은 남편의 성욕을 꽝꽝 얼어붙게 하는 특효약!!!

아직 멀었어???

남편의 사정이 뜻대로 되지 않을 때도 있다. 그런 남편에게 힐난조로 말하면 언 문고리에 찬물 붓는 형국으로 더 사태가 심각해진다. 남편의 사정 지연은 물론 아내에게도 힘든 일, 그럴수록 남편의 기분을 맞춰 주고 아내가 주도하는 등의 배려가 중요하다.

"난 준비가 안 됐어!!!"

나름대로는 전희에 최선을 다했다고 생각하는 남편, 그러나 막 들어서려는 순간 아내의 제지는 잔뜩 일어났던 페니스를 다시 조용히 잠재우는 수면제가 된다. 내둥 가만 있다가 막판에 분위기 깨는 여자는 재미없다. 남편의 기분에 부응해 함께 절정에 오르려는 노력이 중요하다. 인형처럼 누워 있으면서 남편이 자신의 모든 것을 해결해 줘야 한다는 생각은 상대를 피곤하게 할 뿐이다.

여자와 과일의 관계

10대는 포도 : 보기만 해도 군침이 돌지만 먹기가 불편하다.

20대는 밤 : 생으로 까서 먹어도 되고 삶아 먹어도 된다.

30대 수박 : 칼만 갖다 대도 쩍하고 갈라진다.

40대는 석류 : 가만히 있어도 알아서 벌어진다.

50대는 홍시 : 빨리 따먹지 않으면 곧 떨어진다.

60대는 토마토 : 과일도 아닌 것이 과일인 척한다.

남자와 불과의 관계

10대는 성냥불 : 슬쩍 긁기만 해도 활활 타오르니까.

20대는 장작불 : 겉으로 보기에도 강한 화력인 데다 근처에만 가도 뜨겁기 때문

30대는 연탄불 : 겉으로 보면 그저 그래도 은근한 화력을 자랑한다.

40대는 화롯불 : 겉으로 보기에는 죽은 것 같지만 자세히 뒤적거려 보면 불씨가 살아 있다.

50대는 담뱃불 : 힘껏 빨아야만 불이 붙는다.

60대는 반딧불 : 불도 아닌 게 불인 척한다.

짱구의 한마디

짱구네 반 교실이다. 선생님께서 물었다.

"어른이 선물을 주시면 뭐라고 말하죠?

다로 끝나는 말입니다."

학생 1 : 감사합니다.

학생 2 : 고맙습니다.

짱구 : 뭘 이런 걸 다.

다시 선생님이 물었다.

"잘못을 했을 때 어른에게 뭐라고 말하죠?

다로 끝나는 말로 말해보세요.

학생 1 : 죄송합니다.

학생 2 : 미안합니다.

짱구 : 이를 어쩐 다.

강도의 질문

어느 집에 바보 한 명이 살았다.

어느 날 그 집에 강도가 들었다.

강도 : 꼼짝 마!

바보 : …

강도 : 내가 지금 너를 죽이려 하는데 내가 낸 문제를 맞추면 살려 주지.

강도 : 삼국시대의 우리나라 3개를 말해라. 10초를 센다.

강도가 문제를 냈는데 바보는 답을 몰랐다. 강도가 초를 다 세어 갈 무렵 마지막 1초가 남았는데 강도가 칼을 들자

바보 : 배째실라고그려? 바보는 살 수 있었다.

그 이유는… 그걸 강도는 백제, 신라, 고구려로 들었다.

당신이 힘들때 웃을 수 있는 개그(1탄)

바나나우유가 어떻게 웃게요? 빙그레

참기름 장수가 경찰서에 잡혀갔다. 왜 잡혀 갔을까? 참기름이 고소해서.

뼈로 만든 방은? 골룸

네 개의 나무들을 영어로 하면? 포트리쓰

왕이 넘어지는 것을 영어로 하면? 킹콩

홍당무가 버스를 탔다. 버스에서 내렸을 때 홍당무가 무가 돼 있었다. 그 버스는 무슨 버스였을까? 헌혈차

당신이 힘들 때 웃을 수 있는 개그(2탄)

파리하고 피터팬이 살았는데 둘이 만나게 되었다.

그래서 피터팬이 파리한테 "안녕, 난 피터팬이야."

그러니까 파리가 뭐라고 했을까???

안녕, 난 팅거벨이야.

낙타는 누가 낳았을까?

늑대(늑대가 나타났다~! 늑대가 나타났다!)

껌은 고양이의 뇌로 만든다. 왜?

껌은 고양이 뇌로~ 뇌로~

검은 고양이 네로. 네로

설기현의 비애

우리나라 축구선수들이 탄 비행기가 하늘 높이 날아가고 있었습니다. 그런데 갑자기 비행기가 추락하려고 했습니다. 그때 산신령이 나타나서 말했습니다. "내가 너희들을 살려 줄 테니 너희들이 낳는 아기의 이름을 '사' 라고 지어라" 축구선수들은 당연히 살고 싶어서 "내 산신령님"이라고 했습니다.

그러자 신기하게 비행기가 다시 정상적인 리듬을 찾고 비행을 했습니다. 그래서 죽지 않고 돌아왔는데 김태영이가 결혼을 했습니다. 그리고 아들을 낳았는데 이름을 김똘똘이라고 했습니다.

그러자 산신령이 나타나 아들을 죽이고 사라졌습니다. 그리고 김태영이는 이 사건을 모든 축구선수들에게 말했습니다. 축구선수들은 모두 쫄아서 아들 이름을 모두 '사' 라고 지었습니다.

그러던 어느 날 축구선수들은 한 자리에 모여서 불평

을 하기 시작했습니다.

안정환 : 내 아들이름은 안사야. 사고 싶은 반지가 얼마나 많은데 안사?

홍명보 : 쳇 그나마 났네. 내 아들 이름은 홍사(뱀이름)야 우리 아들이 뱀띠인데,.

이천수 : 나보단 나아. 내 아들 이름은 이사야. 익스프레스로 얼마나 많이 갔는데 또 가?

황선홍 : 이런 내 아들 이름은 황사야 우리 아들이 중국에서 날아온 모래바람이냐?

차두리 : 쳇, 내 아들 이름은 차사야. 아빠한테 차 갖고 싶다고 졸라서 혼났는데 아들 이름도 이렇게 지어서 얼마나 혼났는데…

그때 설기현이 소리쳤다.

설기현 : 모두 조용히 해 내 입장을 생각해 본 적 있어? ㅋㅋ 설사

생활 속의 알파벳

구름 속에 숨어 있는 B

5월 5일에 좋아하는 것 I

수박에서 귀찮은 것 C

모기가 먹는 것은 P

당신의 머릿 속에 E

닭이 낳는 것은 R

밤 말을 엿듣는 것은 G

입고 빨기 쉬운 T

기침이 나올 때는 H

사랑의 학점

A학점 : 선배 애인을 빼앗아 자기 애인으로 만들었을 때

B학점 : 친구 애인을 빼앗아 자기 애인으로 만들었을 때

C학점 : 후배 애인을 빼앗아 자기 애인으로 만들었을 때

D학점 : 스스로 애인을 구했을 때

E학점 : 남의 도움으로 애인을 구했을 때

F학점 : 자기 애인을 남에게 뺏겼을 때

공대생 개그

교수 : 빛이 빠른가? 소리가 빠른가?

보통 4년 졸업생 : 예. 당연히 소리가 빠릅니다.

교수 : (당황하지만 얼굴 하나 변하지 않고)왜 그런지 설명해 보게.

보통 4년 졸업생 : 예. 라디오를 키면 먼저 소리가 '치이이이이' 하고 들린 다음 전원이 들어 왔다는 램프가 켜집니다.

교수 : 빛이 빠른가? 소리가 빠른가?

우수한 4년 졸업생 : 예, 당연히 빛이 빠릅니다.

교수 : 오오오오오 역시 우수한 학생이군. 그래 좀 더 구체적으로 설명해 보게.

우수한 4년 졸업생 : 예, TV를 켜면, 먼저 화면이 보인 뒤, 소리가 들립니다.

교수 : … 나가!

교수 : 빛이 빠른가? 소리가 빠른가?

대학 5년차 생 : 예, 당연히 빛이 빠릅니다.

교수 : 오오오오 역시 대학에서 5년이나 구른 보람이 있구만. 그래 좀 더 구체적으로 설명해 보게.

대학 5년차 생 : 예, 로켓트 발사 시에 먼저 섬광이 번쩍하고 그 뒤에 '우르르 꽝' 하는 소리가 들립니다.

교수 : (감동의 물결)오오오.. 그래 바로 그거야. 좀더 좀더 Physical하게 설명해 보게.

대학 5년차 생 : 그것은 눈이 귀보다 앞에 있기 때문입니다.

도서관에 오는 사람들의 유형

도서관(자율학습실)에 공부하러 가 보면, 그 침묵 가운데 별의 별 인간들이 별의별 인생 속에서 별의별 짓을 다 하고 있습니다. 이에 소크라테스가 그 경험을 살려도서관에 오는 사람들의 유형 4가지를 보고하는 바입니다.

유형 1 - 안절부절형

도대체가 가만히 의자에 앉아 있지를 못하고 삐그닥 삐그닥거리며 엉덩이는 들썩들썩, 팔은 들었다 놨다. 머리는 북적북적 별짓을 다하는 유형입니다. 이런 분은 십중팔구 엉덩이에 종기가 났거나, 머리를 며칠 안 감았거나, 아니면 정신분열 증세를 가지고 있습니다. 그러나 이런 분들의 특징은 그렇게 들썩대면서도 밖에는 좀처럼 나가질 않는다는 점이죠. 이런 분들은 그냥 집에서 편하게 누워서 혼자 공부하시는 게 편할 겁니다.

유형 2 - 샤프범생형

이런 유형은 청소년보다는 어린이나 중년층에게 주로 나타납니다. 한 번 책을 폈다 하면 연필 소리 샤샤샥만 들리고 그 외의 행동은 거의 하지 않죠. 한 책상마다 두 세명 씩은 분포해 있으나 이상한 유형들에 휩싸여서 유형이 변하는 경우도 있습니다.

유형 3 – 진도안나가형

책을 펴 놓고서는 한 페이지에 3~40분이 걸리는 유형입니다. 역사 공부나 과학 공부 등 암기할 양이 많은 과목을 공부하는 사람들이 이런 유형이 많은데요. 이런 유형을 샤프범생형으로 착각할 소지가 있으니 주의 바랍니다. 참고로 이런 유형의 분들이 꼭 하는 말이 있죠.
"너무 조용해서 집중이 안 돼~."

유형 4 – 뭐하러왔니형

굳은 마음을 가지고 책상에 앉아 놓고, 가방을 풀고, 책을 펴 놓고, 연필도 가지런히 놓고 아주 신나게 친구들과 놀아대는 부산스러운 유형입니다. 주로 친구들과 같이 온 청소년이나 어린이에게서 나타나죠. 한참 놀다가 지쳐서 이제 공부 좀 하자 해 놓고는 배고픔을 핑계로….

김들의 전쟁

흰 김과 검정 김이 있었어요.

흰 김이 검정 김 보고 "야! 너는 무슨 김이냐?" 하고 검정 김에게 물었어요.

검정 김은 "난, 천연 김이다."라고 했어요.

그리고 나서 검정 김이 흰 김에게 물었어요.

"야! 그럼 넌 무슨 김이야?" 묻자 흰 김은 이렇게 말했어요.

"나는 앙드레 김이다."

하하하하~~~

감옥

한 남자가 죄를 지어 감옥으로 들어가게 되었다. 감옥에 들어오자 고참들은 신참인 이 남자에게 재밌을 이야기를 해보라고 하였다.

남자는 재밌는 이야기를 해 주었더니 고참들은 낄낄대면서 웃었다.

그런데 그때 한 고참이 "1번!!"하고 외치니까 신참만 빼고 다 웃는 것이 아닌가?

신참은 어리둥절하고 있는데 다른 고참이 또 "5번!!" 하고 했다. 역시나 신참만 빼놓고 다 웃었다. 신참은 왜 웃냐고 물어보니 고참 왈…

"재밌는 이야기들을 번호로 지정해 놨거든…"

문방구

한 문방구에 토끼 한 마리가 찾아왔다.
"아저씨, 당근 있어요?"
"아니, 우리는 문방구라서 당근은 안 팔아."
다음날 그 토끼는 또 왔다.
"아저씨 당근 있어요?"
"우리는 문방구라서 당근은 안 판다니까!"
그런데 또 다음날에 다시 와서 물었다.
"아저씨, 당근 있어요?"
"너 한번만 더 오면 가위로 귀 다 짤라 버린다!!"
다음날 또다시 토끼가 찾아왔다.
"아저씨 가위 있어요?"
(음? 웬일로)아… 아니… 오늘은 다 팔렸는데…?
"그럼, 당근 주세요."

남자 체면

어느 연인들이 산을 오르고 있었다. 그때 여자가 남자에게 약 올리듯이 업어달라고 졸랐다. 남자는 남자 체면에 안 업어줄 수도 없고 해서 여자를 업고 걷기 시작하였다. 그러자 여자가 "자기야, 나 많이 무겁지?(속으로)" "아니~ 머리는 비었지. 허파에 바람 들어 갔지, 양심 없지 별로 무겁지 않아~!"

"…" 여자는 갑자기 내려서 이제는 남자를 업어 주겠다고 졸랐다. 남자는 이때구나 하면서 마지못해 업히는 것처럼 여자 등에 업혀 말했다. "야~! 나 무겁지 (속으로)" "응, 머리 돌이지, 간은 부었지, 얼굴 철판이지 많이 무거워~" "…"

더운 날

아주 더운 날이었다.

나는 마구 밀려오는 졸음을 참으며 수업을 듣고 있었다. 근데 갑자기 앞문이 드르륵 열리며 웬 할머니 한 분이 고개를 내미셨다.

"여기 영구(자기가 가장 싫어하는 사람 또는 재밌게 이름을 넣으세요)있남?" 약간 잠이 달아났다.

영구는 뒷반 애였다. "걔는 뒷반이예요." 라고 말했다.

할머니는 고맙다고 하시면서 문을 닫고 나가셨다. 난 다시 잠이 오기 시작했다. 그때 갑자기 뒷문이 드르륵 열리며 "여기 맹구 있남?" 잠이 확 달아났다.

영어 회화

초등학교 때 영어 회화 시간이었습니다.

그때 친구와 전 영치라서 점수 잘 딸 방법을 궁리하고 있었죠. 그때 문득 좋은 생각이 났습니다. 곧 우리 차례가 되었습니다.

나 : 캔유 스픽 코리언?

친구 : 예스 아엠.

우린 한국말로 대화했고 영어 회화 시험은 100점이었습니다.

까불지 마 & 웃기지 마

아내가 여행을 가며 냉장고에 "까불지마"라고 메모를 붙였다.

그 뜻인즉, 까스 조심하고, 불조심하고, 지퍼 함부로 내리지 말고, 마누라에게 전화하지 마라.

이를 본 남편은 그 즉시 메모를 떼어내고 대신 "웃기지 마"라고 붙였다.

그 뜻인즉, 아내가 여행 가고 없으니 웃음이 절로 나오고, 기분이 너무 좋고, 지퍼 내릴 일? 더욱 많아지고, 마누라에게 전화할 시간마저 없네.

팽창업

초등학교에서 학생들의 가정 환경 조사서를 보고 있던 선생님이 봉구에게 물었다. "백봉구, 너는 아버지의 직업이 팽창업이라고 썼는데 그게 뭐지?"

봉구는 부끄러운 듯 얼굴을 붉히며 고개를 떨군 채 얼른 대답을 하지 않는 거였다. 뭔가 말하기가 쑥스러워 그러는가 보다고 생각한 선생님은 조용히 달래듯 말했다.

"괜찮아 부끄러워 하지 말고 어서 말해 봐 세상에 직업이 얼마나 많은데" 그러자 봉구는 가느다란 목소리로 말했다.

"저… 강냉이를 튀겨요."

받아쓰기

만득이가 받아쓰기를 못해 선생님께서 만득이에게 받아쓰기 공부를 해오라고 숙제를 내주셨다.

그날 저녁… 할머니 받아쓰기 단어 내주세요.

할머니 : (신문을 보며 읽으며) 공장이 날라간다. 날라가~

만득이는 열심히 받아쓰기 시작했다.

만득이 : 아빠! 받아쓰기 단어 내주세요.

아빠 : (축구 보시며 공을 잘못 찬 선수를 가리키며) 아! 그것도 못 보냐?

열심히 받아쓰는 만득이...

만득이 : 엄마! 받아쓰기 단어 내주세요.

엄마 : (저녁상을 차리는데 동태를 구우려고 머리를 자르고 있다) 동태 눈깔! 저리 치워! 받아쓰는 만득이…

만득이 : 형! 받아쓰기 단어 내주세요.

만득이형 : (TV광고를 흉내낸다) 007을 눌러 주세요~

역시나 받아쓰는 만득이...

만득이 : 친구야! 받아쓰기 단어 내줘!

친구 : (책 제목을 읽고 있다) 유령의 집~ 다음날…

선생님 : 만득아, 받아쓰기 해 온 것 좀 읽어 봐라…

만득이 : 네~

만득이 : 공장이 날라간다, 날라가~ 아이들,

선생님 : 어디? 어디? 어디!

만득이 : 아, 그것도 못 보냐?

선생님 : 뭐라고?(째려본다)

만득이 : 동태 눈깔 저리 치워! 만득이, 교무실로 끌려감…

선생님 : 너희 집 전화번호 몇 번이야?

만득이 : 007을 눌러주세요.

선생님 : 너희 집! 정체가 뭐야?

만득이 : 유령의 집~

독후감

독후감이 무엇인지 선생님이 알아오라 하셨다.

그래서 만득이는 아빠한테 가서 (화장실에서 볼일 보고 있는 아빠)

만득이 : (문을 확 연다) 아빠 독후감이 뭐에요?

아빠 : 문 닫어 이눔아!!! 만득이는 열심히 받아 적는다. 이번에는 형에게 가는 도중,

엄마 : 만득아 형 좀 불러 봐라… (만화책에 흠뻑 젖어있던 형)

만득이 : 형, 독후감이 뭐야? 아참, 엄마가 나와 보래

형 : 너 먼저 가. 나, 있다 갈께(만득이 질문은 무시)

하지만 만득이 열심히 받아 적는데..

그리고 누나에게 가서 (TV 광고를 보던 누나)

만득이 : 누나 독후감이 뭐야?

누나 : 007빵~!! (광고를 따라 한다) 그 와중에도 열심히 적고 마지막으로 동생에게 가는 만득이 (TV 만화

를 보던 동생)

만득이 : 동생아! 독후감이 뭐냐?

동생 : 슈퍼맨 배트맨~ 슈퍼맨 배트맨~(만화 주제가 따라 부른다.) 만득이 완벽하다고 착각하고 학교에 갈 준비를 마친다.

다음날…

선생님이 들어오신다.

선생님 : 자 어제 숙제로 낸 독후감 있죠? 만득이 발표해 보세요.

만득이 : 문 닫어 이놈아! 선생님(문을 살짝 본다)

선생님 : 버르장머리 없구나! 교무실로 따라와!

만득이 : 너, 먼저 가. 나, 있다 갈게 화난 선생님...

선생님 : 너희 집 전화번호가 뭐야?

만득이 : 007빵~!!

선생님 : 도대체 너희 부모님 성함이 뭐니!!?

만득이 : 슈퍼맨 배트맨~~ 슈퍼맨 배트맨~~

베란다

옛날에 '트'라는 아이가 살았다.

트의 친구가 트의 집에 갔을 땐 트는 아파서 누워 있었다.

트 친구 : 아파 트~?" 그러니깐 트가 아프댔다.

트 친구는 트의 엄마한테 "트 친구"어디가 아픈 거죠?"

트 엄마 : "베란다~"

성격 급함에 대한 외국인과 한국인의 차이

외국인 - 자판기의 커피가 다 나온 후, 불이 꺼지면 컵을 꺼낸다.

한국인 - 자판기 버튼 눌러 놓고 손을 집어 넣고 컵을 잡고 기다린다. 가끔 튀는 커피에 손을 데기도 한다.

외국인 - 사탕을 쪽쪽 빨아 먹는다.

한국인 - 조금 빨다가 바로 우드득 깨물어 먹는다. 이빨 부러지는 경우도 있다.

외국인 - 아이스크림은 혀로 핥으며 천천히 먹는다.

한국인 - 아이스크림은 베어 먹어야지 핥아 먹다간 벌떡증 걸린다. 가끔 한입에 왕창 먹다가 순간적인 두통에 머리를 감싸고 괴로워할 때도 있다.

외국인 - 저런 냄비 근성 다혈질 성질 급한 이탈리아인들 같으니…

한국인 - 저런 느려 터진 지중해 국가놈들 같으니… 아, 답답해.

외국인 – 버스는 서서 기다리다가 정차하면 천천히 올라탄다.

한국인 – 일단 버스가 보이면 도로로 내려간다. 종종 버스와 추격전이 벌어지기도 한다. 가끔가다 버스 바퀴에 발이 찡이는 놈들도 있다. 문이 열리기도 전에 손을 대고 있다.

외국인 – 인도에 서서 손을 흔들며 "택시~"하고 부른다.

한국인 – 도로에 내려가 택시가 미처 서기도 전에 손잡이를 잡고 외친다. "철산동!!"

외국인 – 야구는 9회말 2사부터! 힘내라 우리 편!!

한국인 – 다 끝났네. 나가자. (9회말이면 관중이 반으로 줄어 있다.)

외국인 – 영화의 마지막은 엔딩크레딧과 함께 OST를 감상하며 여운에 젖는다.

한국인 – 극장에도 리모콘 있으면 채널 돌렸지. 빨리 안 나갈 거야?!

외국인 – 오늘의 요리는 폭찹, 폭찹의 기원은 모모모

인데 이 레스토랑은 요리사가 어쩌구 저쩌구

한국인 - 씨버럴! 돼지를 키워서 만들어 오나! 더럽게 안 나오네!!

외국인 - 그 영화 어땠어? 배우들 연기력은 괜찮아? 처음에 어떻게 시작하는데?

한국인 - 아 다 집어치우고 그래서 끝이 어떻게 되는데!!!

외국인 - 승객들이 전부 자리에 앉거나 자리를 잡았는지 버스기사가 확인한 후에 버스를 출발시킨다.

한국인 - 올라타는 그 순간 바로 출발이다. 그래서 버스 안에서 덤블링을 볼 수가 있다.

◉ 콩나물 무침

콩나물과 무는 매일 싸우기만 하였다. 그렇지만 너무 얇은 허리 때문인지 콩나물이 매일 지기 일쑤였다. 그래서 어느 날 복수하리라 결심한 우리의 콩나물.. 그날 밤에 자고 있는 무에게 다가가서 몽둥이로 두들겨 패다가 경찰에게 잡히고 말았다. 그 다음날 신문기사에 나온 제목은 무엇일까? 콩나물 무침

◉ 젖소 삐젖소?

A젖소와 B젖소가 싸움을 했는데 싸움에서 B젖소가 이겼다.

왜 그랬을까?

A젖소는 에이, 졌소.

B젖소는 삐졌소?

◉ 시험

이승기가 대학 맨 뒷자리에서 시험을 다 보고 답안지를 걷는데 앞에 앉은 누나가 답안지를 안 내서 못 걷고

교수에게 가서 이승기가 한 말은?

누나 답지 않네요.

◉ 얼굴 좀 못 생겼다고...

어젯밤 엄마와 TV를 보던 중 성형수술에 대한 얘기가 나왔다. 갑자기 뭔가 생각나는 것이 있어 엄마에게 말했다. "엄마, 10개월 동안 뭐 빠지게 고생해서 낳은 자식이 저렇게 못생기면 얼마나 속상할까?" 그러자 엄마가 나를 한참 쳐다보더니 말했다. "이제 내 맘 알겠니?"

◉ 여자 친구

"에로영화"를 보러갔다. 숨 막히도록 찐한 장면이 나오자 그녀는 내 허벅지를 꼬집으며 말했다.

연애 초반 : "창피해!"

연애 중반 : "죽인다!"

연애 후반 : "잘 봐 둬!"

◉ 생일 선물로 화장품을 사 줬다.

그런데 그녀의 피부에 안 맞는 화장품인 것 같다. 그녀는 내 귀를 끌어대며 말했다.

연애 초반 : 잘 쓸께.

연애 중반 : 현금 줘.

연애 후반 : 바꿔 와.

◉ 찬스가 왔다. 쫄아드는 가슴을 진정시키며 그녀에게 키스를 퍼부었다. 그런데 갑자기 그녀가 입술을 떼며 내게 말했다.

연애 초반 : 살짝 해.

연애 중반 : 더 깊 게.

연애 후반 : 장난 쳐?

◉ 그녀의 기분이 울적한 것 같다.
분위기 바꿔 주느라고 술이나 한잔하자고 했다.
그녀는 나를 빤히 쳐다보며 말했다.

연애 초반 : 술 못해.

연애 중반 : 취해봐.

연해 후반 : 배 채워.

◉ **그녀와 단 둘이 있고 싶다. 그래서 부모님께 뻥치고 1박 2일 여행이나 가자고 꼬드겼다. 그녀는 얼굴을 붉히며 말했다.**

연애 초반 : 미쳤니?

연애 중반 : 책임져.

연애 후반 : 날 잡아.

◉ **그녀가 정말로 나를 사랑하는지 의심이 간다. 목청을 깔고 그녀에게 물었다. "날 사랑하니?" 그랬더니 그녀가 말했다.**

연애 초반 : 난 니꺼.

연애 중반 : 죽여줘.

연애 후반 : 찢어져.

◉ **데이트하는 도중에 나의 손길이 조금만 스쳐가도 찌릿찌릿한 곳은 어디냐고 장난스레 물었다.**

연애 초반 : 스친 곳.

연애 중반 : 만진 곳.

연애 후반 : 온 몸통.

◉ 야외로 놀러 갔다. 그녀가 급한 볼일을 보려는데 화장실이 없다. 그녀가 주위를 휙 둘러보며 내게 말했다.

연애 초반 : 멀리 가.

연애 중반 : 보지 마.

연애 후반 : 망봐라.

◉ 그녀의 몸과 마음이 찌뿌둥하게 보인다. 그녀의 기분전환을 위하여 어디가고 싶으냐고 물었더니 말했다.

연애 초반 : 노래방.

연애 중반 : 비디오방.

연애 후반 : 찜질방.

◉ 전화통 붙들고 날밤 까며, 늦도록 그녀의 수다를 들어줬다. 그러나 미칠 듯이 밀려드는 잠을 어쩔 수 없어 이제 그만 전화를 끊으려 하자 그녀는 속삭이듯 내게 말했다.

연애 초반 : 잘자. 내 꿈꿔.

연애 중반 : 너무 외로워.

연애 후반 : 너 많이 컸네.

◉ 그녀가 나 몰래 딴 남자들과 미팅하는 것을 현장에서 목격했다. 그녀는 묘한 표정을 지으며 내게 말했다.

연애 초반 : 갈증 해소용이야.

연애 중반 : 난, 2프로 부족해.

연애 후반 : 넌 물만 먹고 사니?

학과별 물에 빠진 사람 구하기

체육학과 : 큰 소리로 물에 빠진 사람에게 수영하는 법을 가르친다.

철학과 : 모든 사람은 죽는다. 그도 사람이다, 고로 그도 죽을 것이다. 애써 구할 필요가 없다.

건축학과 : 상류로 올라가 땜을 쌓는다.

광학과 : 오목거울과 볼록렌즈로 햇빛을 집중시켜 강물을 증발시킨다.

화학과 : 소금을 계속 잔뜩 넣어 사람이 뜰 때 구한다.

화학과 대학원:강물을 전기분해하여 산소와 수소가 분리되면 그때 구한다.

신학과 : 물이 두 갈래로 갈라지기를 기도한다.

의상학과 : 물 먹는 하마를 왕창 넣는다.

비범한 작가

굉장한 작가가 되고 싶어하는 젊은이가 있었다.

그에게 굉장한게 뭐냐고 물으면 그는 이렇게 말했다.

"전 세계인이 읽으며 그들의 감성을 자극하고 그들이 분노와 고통 속에서 소리치고 비명을 지르는…

그런 글을 쓰고 싶습니다!"라고 지금 그는 현재 MS(마이크로소프트)사에서 ERROR 메시지를 쓰는 작업을 하고 있다.

60의 할머니

어떤 마을에 할머니가 지나가고 있었다. 그 할머니는 귀가 안 좋지만 항상 화장품으로 얼굴을 떡칠하고 다니시는 분이었다. 그때! 시장을 지나가는데 어디선가 할머니에게 '같이 가 처녀~' '같이 가 처녀~' 이렇게 하였다.

60의 할머니는 기분이 좋아서 룰루랄라 하며 집으로 갔다.

할머니가 생각한 것은 내일 똑같은 곳을 지나는데 귀에 보청기를 끼는 것이었다. 귀에 보청기를 끼고 렌즈까지 끼시고 다시 시장을 지나갔다. 그때 낯익은 목소리가 들려왔다.

할머니는 웃으시면서 뒤를 돌아보니, '갈치가 천원~' '갈치가 천원~'

벼락

어느 비 오는 날 세 명의 남자가 웃으면서 죽었다.

의사 : 첫 번째 남자는 사망 원인이 무엇인가?

조수 : 로또 복권에 당첨되어서 심장마비로 사망하였습니다.

의사 : (복권이 그렇게도 좋은가?)

의사 : 두 번째 남자는 사망 원인이 무엇인가?

조수 : 아들이 중간고사에서 전교 1등이라는 소식을 듣고 사망하였다고 합니다.

의사 : (평소에 전교 꼴등이였나 보군.)

의사 : 세 번째 남자는 사망 원인이 무엇인가?

조수 : 벼락에 맞아 죽었습니다.

의사 : 벼락에 맞아 죽는데 왜 웃고 죽는가?

조수 : 사진 찍는 줄 알았답니다.

아동~

철수는 모범생이었다. 오늘도 다른 날과 같이 도서관에서 공부를 하고 있는데 윗층에서 자꾸 '아둥' 거리는 소리가 나는 것이었다.

철수는 처음에는 아랑곳하지 않고 공부를 계속했지만 계속 그 소리가 나는 것이었다. 이렇게 '아둥' '아둥' '아둥' '아둥' '아둥' '아둥' 철수는 무섭기도 하고 화가 나기도 해서 참다 못해 윗층으로 올라갔다.

그 소리의 주인공은 어떤 할아버지였다.

철수는 할아버지에게 물어보았다.

"도대체 뭐 하고 계세요?" "으응… 체조를 하고 있어…"

그러고는 노래를 시작했다. "아 둥근 해가 떴습니다~ 자리에서 일~어~나~~~

냉면

어느 한 사람이 냉면을 먹으려고 냉면집에 갔습니다. 그런데 냉면이 너무 많아 남겼습니다.

그리고 계산을 하려니까 값이 너무 싸서 다음에도 똑같이 해 주실 수 있죠?

네 물론이예요.

그래서 그 손님은 일주일 뒤에도 그 냉면 집으로 갔는데 맛도 형편없고 냄새도 나고 양도 적어지고 벌레도 생기자 그 손님은 주인에게 이게 무슨 냉면이에요?

맛도 없고 냄새도 나잖아요. 아, 그건 손님이 일주일 전 드시고 남기신 냉면이에요.

손님이 똑같이 해 달라고 했잖아요.

황당한 어린이

어느 마을에 작은 유치원이 하나 있었어요. 그런데 어느 날 선생님이 아이들에게,

"여러분~ 나보다 나이가 많으신 분이 선물을 주시면 어떻게 말해야 하나요?" '다' 로 끝나는 말인데,

그러자 범생이 학생 한 명이 "감사합니다.

이렇게 말해요."라고 했죠.

그러자 다른 여학생이 "고맙습니다.

이렇게도 말해요~"

이랬어요. 그런데 또 다른 학생이 손을 드는 거예요. 그래서 선생님이 "아니 또 있단 말이니?" 하고 물어봤드랬죠~

그러니까 그 학생이 하는 말 "뭐... 이런 걸 다…"

당황한 선생님이~ "자… 여러분~ 하나 더 질문을 하죠~ 버스에 타서 다른 사람의 발을 밟았어요.

그때는 어떻게 말해야 할까요?"

여기저기서 "죄송합니다요~" "실례합니다요~" "미안합니다요~" 라는 말이 나왔어요.

그런데 아까 그 아이.. 다시 조용히 손을 들더니..

"이를 어쩐다요."

저주의 화장실

학생 1 : 작년에 여기에서 여자 한 명이 죽었다며?

학생 2 : 그래.. 그 후로 이 화장실에 들어간 사람은 모두 못 나온다는 소문이 있지.

학생 1 : 그럼 이제부터 어디 화장실을 가야 되는 거야?

학생 2 : 별 수 있냐? 그냥 싸야지.

해설 : 어느 날 늦게까지 공부를 하기 위해 남은 미나가 화장실이 가고 싶어졌다.

미나 : 화장실에 가고 싶네.

해설 : 미나는 일어나서 화장실에 간다.

미나 : 어떡하지. 나머지 화장실은 공사중이고 마지막이 저주가 서린 화장실만 남았으니... 아무 일도 없겠지..

해설 : 그 공포의 화장실에 들어가 볼일을 보고 나가려고 하는데..

미나 : 어! 왜 문이 안 열리지?… 역시 그 소문이 사실이었나봐

해설 : 그런데 문에는 이렇게 써 있었다. (궁금하면 밑으로)

문에는 이렇게 써있었다.

"당기시오'

해설 : 그랬다. 지금까지 이 화장실에 들어갔던 사람은 문을 밀었던 것이다.

◉ 부부와 아들 그리고 불똥

방 한 칸에서 가난하게 사는 부부와 아들이 있었다.

아들이 자랄 만큼 자라서 혹시나 볼까 봐서 밤 일을 제대로 하지 못했다.

그래서 남편이 아들이 자나 안 자나 확인하려고 성냥을 켜서 아들 얼굴 위를 비춰 보고 확인한 후 밤일을 하곤했다.

그러던 어느 날 밤 역시 성냥을 켜서 아들 얼굴 위로 비추는데 그만 성냥의 불똥이 아들 얼굴 위로 떨어지고 말았다.

그때 아들이 벌떡 일어나 하는 말, "내 언젠가는 불똥 튈 줄 알았다니까…"

◉ 부부와 아들 그리고 발

그 뒤로 이들부부는 더욱 조심하였다.

어느 날 밤 남편은 자는 아들이 자는 걸 확인하고 부인에게 건너가려는데 어두워서 그만 아들의 발을 밟았다.

남편은 부인의 발을 밟은 줄 알고 "여보 안 다쳤어. 괜찮혀?" 그러자 아들이 한마디 했다. "내가 참으려고 했는디… 왜 지 발 밟고 엄니한테 그래 유?"

◉ 부부와 아들 그리고 메주

그 뒤로 남편은 없는 살림에 후래쉬를 사게 되었다. 후래쉬를 사던 그날 모처럼 좋은 기회가 왔다. 역시 투자를 해야 된다는 깨달음을 알았다.

이들 부부는 오랜만에 쾌락을 나누었고 자뭇 흥분한 남편은 부인에게 "좋지"하고 물었다. 역시 흥분한 부인은 대답은 못하고 신음 소리만 냈다. 좋다는 소리를 듣고 싶어하는 남편은 더 격렬하게 일을 치르면서 "이래도 안 좋아?"하고 물었다. 절정에 오른 부인은 계속 신음 소리만 냈고 남편은 집이 움직일 정도로 몰아 붙였다. 이때 천정의 메주가 아들 얼굴에 떨어지고 말았다.

그러자 아들이 화를 내면서 하는 말, "엄니, 좋음 좋다고 말 좀 혀요! 아들 잡을 일 있어유."

◉ 부부와 아들 그리고 장날

그 이후론 밤일을 하려면 모든 걸 살펴보고 해야만 했다. 아들이 곤히 잠든 날이었다. 남편은 부인 곁으로 가서 일할 자세를 취하였다. 그러자 부인이 말했다.

"여보, 내일 장날이잖아요. "새벽 일찍 일어나 장터에 나가려면 피곤할 거 아니에유?" 오늘은 그냥 잡시다. 이때 자고 있던 아들이 한마디 했다. "괜찮아유 엄니! 내일 비온대유."

◉ 부부와 아들 그리고 남 생각

다음날 정말 비가 왔다.

비가 오니까 더욱 그 생각이 났다. 남편은 오랜만에 낮에 하고 싶었는데 아들녀석이 방 안에만 있는 것이었다. 눈치없는 아들에게 남편이 말했다.

"너 만덕이네 가서 안 놀래?" 부인도 거들었다. "그려, 혼자 재미없게 뭐하냐? 개네 집서 놀지?" 그러자 아들이 퉁명스럽게 말했다. "지를 눈치없는 놈으로 보지 말아유. 그 집이라고 그거 생각 안 나겠서유?"

◉ 부부와 아들 그리고 포스터

비는 그쳤고 마지막 장날이라 부부는 읍내 장터로 갔다. 읍내에 가니 볼거리가 많았다. 그중에서 눈에 띄는 것이 극장 포스터인데 외국배우 한 쌍이 야릇한 포즈를 취하는 그림을 본 것이다. 서서하는 포즈인데 남편은 오늘밤 집에 가서 해 보려고 유심히 쳐다보았다.

그날 밤 남편은 포스터의 장면처럼 부인을 들어서 해 보려고 힘을 썼다. 처음 하는 자세라 남편은 균형을 잃고 그만 넘어지고, 이에 아들은 깔리고 말았다. 아들이 깔린 채로 하는 말, "그냥 하던 대로 하면 이런 일 없잖아유!"

◉ 부부와 아들 그리고 결혼기념일

어느 날 이들부부는 결혼 10주년을 맞이했다. 10주년이라고 해도 가난한 이들에겐 별 의미가 없었다. 한숨만 나올 뿐이었다. 밤이 되자 아들이 베개를 들고서 말하는 것이다. "아부지! 엄니! 오늘 결혼 10주년이지유? 오늘은 지가 장롱에서 잘테니까 맘껏 볼일 보세유~!"

너무 야한 아내

아내가 자기 남편에게 말했다.

아내 : 어제 누가 나한테 옷을 벗으라지 뭐예요!

남편 : 뭐야? 어떤 놈이!

아내 : 의사가요.

아내 : 그리고 내가 아프다는데도 자꾸 더 벌리라고 하는 놈도 있어요.

남편 : 아니, 어떤 놈이!

아내 : 치과의사요!

아내 : 그리고 오늘 당신이 없을 때 한 남자가 나한테, 앞으로 넣는 게 좋은지 뒤로 넣는 게 좋은지 물었어요.

남편 : 어떤 미친놈이야!

아내 : 우유배달부가요.

아내 : 게다가 오늘 낮엔 한 멋진 총각이 짧게 해 드릴까요, 길게 해 드릴까요? 하고 묻더라구요.

남편 : 그건 또 누구여?

아내 : 미용사가요.

아내 : 나한테 너무 빨리 빼 버리면 재미없을 거라는 중년 신사도 있었어요.

남편 : 누가?

아내 : 은행 적금계 직원이요.

변태 선생님과 변태 제자

어느 날,… 여학생들이 남선생님을 놀리려고 우유 한 컵을 교탁에 놓아 두었다. 그걸 본 선생님은 이것이 무엇이냐고 묻자 여학생들이 웃으며,

"저희가 조금씩 짜서 모은 거예요. 사양치 마시고 드세요." 라고 말했다.

그러자 남선생님은 조금 당황했지만 뭐라고 대답할지 곰곰이 생각했다. "오래 살다보니 처녀 젖도 먹어 보네…" 이러면 재미없겠지!! "신선한 게 맛있겠는데" 이것도 별로다. "비린내 나서 못 먹겠다" 이것도 어설프고 남선생님은 곰곰이 생각하다 한마디 했다.

"난 젖병 채로 먹고 싶어."

속살쑤시개

한창 금강산 관광이 절정일 때 남한 관광객 한 사람이 어여쁜 북한 안내원에게 이것 저것 물어봤다. 그리고 관광객은 아름다운 금강산 구경을 하다 짖궂게 안내원 여성 동무에게 물었다. 반응이 어떤가 싶은 호기심에서 아... 여기선 남자 고추를 무어라 부르기요? 이 질문을 받은 여성 안내원은 살포시 미소 지으며 하는 말, 아, 그거요. 여기선 속살쑤시개라 하디요...

아직은 괜찮어

창녀들이 성병 예방 약을 받기 위해 줄을 서서 기다리고 있었다.

그 옆을 지나가던 할머니가 창녀 중 한 명에게 물었다.

할머니 : 이봐 처녀, 이게 뭔 줄이요~?

창녀(말하기가 부끄러워) 사탕 받는 줄이예요~

할머니 : 그려~? 나두 사탕 좋아하는디~

할머니는 창녀들 사이에 들어가 줄을 섰다.

할머니 차례…

의사 : (놀라며) 아니… 할머니, 이런 일 하기 힘들지 않으세요~?

할머니 : 응~~~ 괜찮어… 아직은 잘 빨어…

의사 : "…"

엽기 문제

◉ **고등학교**

문제 – 정약용의 형 정약전이 흑산도에서 저술한, 우리나라 주변의 어족과 그 정보에 대해 저술한 책은?

정답 : 자산어보

보통 학생들 답 : 목민심서

엽기적인 학생 답 : 월간 낚시

문제 – 한국 광복군 탄생의 계기가 된 의거로서 1932년 상하이 홍커우 공원에서 거행된 일제의 전승축하 식장을 폭파한 의사는 누구인가?

정답 : 윤봉길

많은 학생들이 적은 답 : 안중근

엽기적인 학생 답 : 윤복길(전원일기의 출연자)

문제 – 유전적 원인 등에 의한 뇌 기능 이상으로 지

능 발달이 떨어지고 인격이 제대로 형성되지 못한 상태에 있는 정신 장애의 명칭을 4자로 적으시오.

정답 : 정신박약

일부 답 : 정신불량, 정신병자, 소아마비 등

엽기적인 학생 답 : 돌대가리

문제 - 수신자가 요금을 부담하는 전화인데, 전화로 상품 주문, 항공 예약 등을 하는 경우에 수신자 측인 기업에서 요금을 부담하는 서비스는?

정답 : 클로버서비스

아주 많았던 답 : 수신자 부담 서비스

엽기적인 학생 답 : 나는 018이다.

문제 - 1995년에 출범하여 공산품과 농산물 및 서비스 교역에까지 무역자유화를 추구하는 국제경제기구는?

정답 : WTO

그 외의 답들 : IMF

엽기적인 학생 답 : U-N

◉ **중학교**

문제 – 괄호 안에 들어갈 단어는?

곤충은 머리, 가슴, ( )로 나누어져 있다.

정답 : 배

엽기적인 학생 답 : 곤충은 머리, 가슴, (으)로 나뉘어져 있다.

문제 – 개미를 세 등분으로 나누면 ( )( )( )

정답 : 머리, 가슴, 배

엽기적인 학생 답 : 개미를 세 등분으로 나누면 (죽)(는) (다)

문제 – 올림픽의 운동 종목에는 ( ) ( ) ( )가 있다.

정답 : 육상, 수영, 권투, 유도, 체조, 역도

엽기적인 학생 답 : 올림픽의 운동 종목에는 (여) (러)(가) (지)가 있다.

등교길에

학교 가려고 나서다가 몇 번 집에 되돌아왔다.

이유는 다…. "엄마, 내 시계…" "엄마, 지갑…"

"엄마, 핸드폰…" "엄마…" "으휴… 이번엔 또 뭐야? 이놈아…"

"오, 오늘… 토요일이지?" 나 오늘 학교 안 가는 날인데… "콰당…"

◉ 건망증

학교에서 핸드폰을 쓰려고 가방 속에서 핸드 폰을 꺼냈다. 그리고 내 손에 들려진 것은 우리 집 무선 전화기였다.

◉ 추억의 유머

1. 계단에서 굴렀다. 훌훌 털고 일어났다. 근데… 내가 계단을 올라가고 있었는지, 내려가고 있었는지 도통 생

각이 안 난다. 호실은 몇 호지…?

2. 아침에 일어나서 이 닦으려고 화장실에 갔다.

근데… 내 칫솔을 도대체가 찾을 수가 없다. 색깔도 기억이 안 난다. 달랑 4개의 칫솔 중에서

3. 학교에 가려고 집을 나서다가 잊은 것이 있어서 도로 집에 갔다.

근데… 내가 뭘 가지러 왔는지 생각이 나지 않는다. 한참을 고민하고 찾다가 애꿎은 우산 하나를 가져왔다. 그날은 하루종일 햇빛이 쨍쨍 했고, 그날 저녁 난 학원에서 교재없이 공부를 해야만 했다.

4. 친구에게 전화를 걸었다.

근데… 내가 누구한테 전화를 걸었는지 기억이 안 난다. 미치겠다. "여보세요…" "네… 거기 누구네에요?…" "…어디 거셨는데요? (머 이런 개뼉다구 같은 게 다 있냐?) " "글쎄요…" "…"

담날 학교가니깐 한 친구…

"너 어제 우리 집에 전화했었지?" "(뜨끔),… 아, 아니 그게 너네 집이었냐?…" "웃기고 있네… 남의 집에 전화해서 누구냐고 묻는 애가 너말고 더 있냐?"

5. 대학교 1학년 때 시험을 쳤다. 내가 생각해도 너무 완벽하게 친 것 같았다. 공부를 열심히 했으니 며칠 후 교수

"시험칠 때 학번란에 30835라고 쓴 놈 나와!!!" 그렇다. 나 고3 때 3학년 8번 35번이었다.

짧은 유머

오랜 봉사활동을 거쳐 빛을 본 사람은 누군가?

- 심봉사

왜 콧구멍이 둘일까?

- 하나면 코 후비다가 숨 막혀 죽을까 봐.

바닷물이 짠 이유는?

- 물고기가 땀을 내면서 뛰어 놀아서

닭이 길 가다 넘어진 것을 두 글자로 줄이면?

- 닭꽝

형과 동생이 싸우는데 가족들은 모두 동생 편만 든다. 이 문제를 간단하게 말하면?

- 형편없는 세상

쥐가 네 마리 모였다를 두 자로 압축하면?

- 쥐포

억세게 재수 없으면서도 그런대로 운이 좋은 사나이는?

- 앰뷸런스에 치인 사나이

서울 시민 모두가 동시에 고함지르면 무슨 말이 될까?

- 천만의 말씀

개가 사람을 가르친다를 4자로 줄이면?

- 개인지도

토끼가 제일 잘 하는 것은?

- 토끼기(도망치기)

신혼이란?

- 한 사람은 신나고 한 사람은 혼나는 것

비아그라는 되도록 빠르게 삼켜야 한다. 왜 그럴까?

- 그렇지 않으면 목이 뻣뻣해질테니까.

만득이와 공주

만득이와 공주가 레스토랑에서 스테이크를 먹고 있었다.

그런데 낯이 익지 않은 곡이 흘러나왔다.

그때 공주는 만득이에게 물었다.

공주 : 어머~! 이거 무슨 곡이예요?

그런데 만득이 왈!

만득이 : 응, 돼지고기.

머리가 좋아지는 유머

1. 장사꾼들이 제일 싫어하는 경기는? **불경기**

2. 소 중에서 가장 이쁜 소는? **미소**

3. 책은 책인데 읽지 못하는 책은? **주책**

4. 눈으로 안 보고 입으로 보는 것은? **맛보는 것**

5. 소리가 안 나는 방울은? **물방울**

6. 깨면 깰수록 칭찬 받는 것은? **기록**

7. 산산이 부서진 산은? : **풍비박산**

8. 발을 발인데 머리 꼭대기에 달린 발은? **가발**

9. 사람만 따라다니며 비추는 달은? **안달복달**

10. 부자가 되려면 필요하다. 이건 무슨 벌일까? **재벌**

11. 온몸이 뱃속에 들어 있는 것은? **달걀**

12. 해가 반짝 나면 서러워서 눈물을 뚝뚝 흘리는 사람은? **눈사람**

13. 함은 함인데 물건을 넣지 못하는 함은? **명함**

14. 가지는 가지인데 못 먹는 가지는? **나뭇가지**

15. 많이 먹거나 적게 먹거나 항상 배가 볼록 나와 있는 것은? **항아리**

16. 뜨거운 용광로에 집어넣어도 타지 않고 녹지도 않는 것은? **그림자**

17. 닭에 나이는 몇 살일까? **99세 모이주면서 구구하니까**

18. 죄없이 매 맞고 비틀리고 눈물 짜는 것은? **빨래**

19. 땅은 가만히 있는데 하늘이 돌며 으르렁 대는 것은? **맷돌**

20. 일 더하기 일이 일이 되는 것은? **물방울**

똑순이

똑순이네 반은 미술시간이었다.

"여러분! 미술시간이에요. 오늘은 목장풍경을 한번 그려 보세요!"

선생님께서 돌아다니시며 아이들 그림을 보셨다. "잘 그렸어요." "소가 참 튼튼하군요." 선생님께서는 칭찬을 해주셨다.

그러다 똑순이 자리에 간 선생님, 똑순이의 종이는 백지 그대로였다.

"똑순아. 넌 어떤 그림을 그린 거니?" "풀을 뜯는 소의 그림이요." "풀은 어디 있니?" "소가 다 먹었어요." "그럼 소는?" "선생님도 참, 소가 풀을 다 먹었는데 여기 있겠어요?"

교회

교회에서

목사님 : 천국에 가고 싶나요! 이라고 하니까,

아이들 : 저요, 저요!

그런데 한 아이는 손을 들지 않았다.

목사님 : 얘, 너는 천국에 가고 싶지 않니?

아이 : 네, 엄마가 바로 집으로 오라고 했거든요.

역대 대통령의 처세 스타일

역대 대통령에게 황소가 한 마리씩 주어졌다.

처리 스타일이 어떠했을까?

박정희 : 새마을 사업에 쓰도록 해라.

전두환 : 잡아서 부하들이나 실컷 먹이라마.

노태우 : 살짝 몰고 가면서 "아무도 못 봤재?"

김영삼 : 그거 내는 모른다. 현철이한테 물어보그래이.

김대중 : 생각해 보지도 않고~ 정일이 갖다 주드라고잉

노무현대통령 : 황소를 한참 째려 보더니, "니 쌍꺼풀 수술 오데서 했노? 잘 나왔네."

자살의 명소

자살의 명소라는 곳에서 묘령의 여인이 자살했다.

목격자인 한 사나이가 경찰에 불려왔다. "그녀는 세상을 비관하는 것 같았습니다."

한참 바다를 내려다보더니 신을 벗고 모자와 코트도 벗었습니다. 그리고 결심했는지 주머니에서 유서를 꺼내 놓고 블라우스를 벗더니 스커트까지 벗더군요. 그리고 순간적으로 바다에 떨어졌습니다. "왜 당신은 말리지 않고 보고만 있었소."

"네, 다 벗었는데 팬티를 입은 채 뛰어내릴 줄은 몰랐죠.

선장의 훌륭한 대답

여객선이 항구를 떠날 때 선장에게로 살금살금 다가간 창백한 얼굴의 게티여사가 물었다.

"죄송합니다만 여쭈어 볼 게 있는데요.

선장님, 이게 제 첫 번째 항해라서 궁금해요."

이런 크기의 배가 자주 가라앉나요?"

선장이 여자에게 돌아서면서 대답했다.

"아니요. 한 번 이상은 절대로 안 가라앉아요."

열 받은 아줌마

운전을 갓 배운 아주머니가 차를 몰고 가고 있었다. 운전 초보자는 그렇듯이 운전에 서툴렀지만 그 뒤에 어떤 성질 급한 아저씨가 있었으니... 그 아저씨는 아주머니를 보고 이렇게 외쳤다. "야, 이 여편네야 집에 가서 밥이나 해~!" 참던 아줌마는 이 한마디에 열 받아서 아저씨에게 한마디 했다.

"쌀 사러 간다. 개자식아."

군대 가기 싫은 놈이 병무청에 올린 글과 답변

귀관이 보내준 "입영통지서" 잘 받았소. 하지만 본인은 이미 스타크레프트오리지날을 거쳐 부르드워까지 20번에 비밀작전수행을 성공 시킨 바 있고, 4만명의 SCV에게 노동을 시켰으며 약 2만명의 특전사에 진격을 선두지휘하였소.

아, 물론 때에 따라선 서플라이가 모자라 한두 명쯤 내손으로 죽인 것도 사실이요. 또 5000대의 탱크를 지휘하였으며 상대의 1000대의 폭격기를 격추시켰는데 이제와서 한낫 SCV잡병으로 다시 들어가 2년 2개월 동안 미네랄만 캐란 말이오

지금까지 수천 시간 동안 눈이 오나 비가 오나 마우스 한 손 잡고 테란병력의 공격력과 방어력 향상을 위해 애써온 나에게 이럴 수 있소?

내가 간다면 밀려오는 저글링과 럴커의 조합은 뭘로 막을 것이고 tu틀에서 내리는 소리만 들리고 보이지도

않는 다크는 무엇으로 막는단 말이오... 군 입대... 사양하겠소…!!!

병무청에서 온 답장 파괴의 신(디아블로), 군주(바알)를 처치하신 분도 지금 훈련소에 와 있습니다. 당장 국방부의 품으로 오시오!!!

남편 간수 잘하세요

어느 부유한 가정에서 과년한 딸을 시집보내게 됐는데, 부인은 약혼한 총각의 코가 너무 커서 늘 마음에 걸렸다.

"여보! 사위 될 사람의 코가 너무 크잖아요?"

"크면, 어떤~가? 남자 코는 클수록 좋지! 뭘~ 그래~"

"그럼, 그것도 크다던데… 우리 애가 감당할 수 있을는지 걱정이 돼서 잠을 이룰 수가 없어요."

"그건, 괜한 속설일 뿐이요. 난, 이날 평생 사랑을 나누다가 그곳이 찢어지거나, 눌려서 죽었다는 말은 한번도 들어보질 못했구려!"

"그렇지만, 당신이 어떻게 좀 알아 볼 수 없을까요?"

부부는 의논을 하다가, 끼가 많은 자기 집 파출부에게 돈을 듬뿍 주고 부탁을 했더니… 하룻밤을 자고 온 파출부 아줌마는 그냥 싱글~ 벙글~ 웃기만 했다.

"그래~ 어땠어요? 견딜만 했나요?"

"사모님! 염려할 필요 전혀 없습니다."

"그래요! 그럼, 퍽 다행스럽군요. 사이즈는?"

"이 집 아저씨와 똑같던대요!!!"

공평하신 하느님

가수 바다에게는 뛰어난 노래 실력을 주셨지만 눈 사이를 멀게 하셨고

유진에게는 아름다운 미모를 주셨지만 넓은 이마를 주셨다.

장나라에게는 깜찍함을 주셨지만 다크서클과 빈약한 가슴을 주셨고

이효리에게는 섹시함을 주셨지만 너무 빨리 주름을 주셨고

옥주현에게는 뛰어난 노래 실력과 말솜씨를 주셨지만 살과 메스꺼움을 함께 주셨다.

이진에게는 아무것도 안 주셨으나 불쌍히 여겨 실수로 다리 털을 선사하셨다.

지단에게는 천재적인 축구 실력을 주셨지만 머리를 일부 가져가셨고

황선홍에겐 실력과 함께 너무 잦은 부상을, 이동국,

고종수에게는 실력과 함께 게으름을 주셨다.

문희준에게는 나름대로 능력을 주셨지만 많은 안티들을 함께 주셨다.

송혜교에게는 작은 키에 무겁게 큰 가슴을 주셨고

송승헌과 강타에게는 멋진 외모와 함께 멋진 이름도 주셨다..(송승복, 안칠현)

그리고 김민희와 간미연에게는 뇌를 안 주셨다.

박경림에게는 좋은 성격을 주시고 굵은 목소리도 주셨다.

보아에게는 모든 걸 다 주신 듯 하나 긴다리를 빼뜨렸다.

세상에 완벽한 사람은 없다.

조성민에게는 이쁜 마누라를 주셨고 덤으로 룸살롱 마담도 주셨다.

신승훈에게는 감미로운 목소리도 주시고 큰 머리도 주셨다.

유니에게는 섹시함과 귀여움을 주셨지만 덤으로 싸가지를 주셨다.

안정환에게는 뛰어난 축구 실력을 주셨지만 구단 복은 안주셨다.

김제동에게는 재치 있는 유머를 주셨지만 얼굴에 신경을 안 쓰셨다.

유승준에게는 춤 솜씨를 주셨지만 한국 비자를 안 주셨다.

여러분한텐 뭘 주셨나요?

여자들이 버스기사 아저씨를 좋아하는 이유

1. 커다란 물건을 가지고 다닌다.

2. 크기도 커다란 것을 마구 밀어붙인다.

3. 여러 명을 태워도 힘이 남아돈다.

4. 후진보다는 전진에 능하다.

5. 운전기술이 뛰어나다.

6. 좁은 길도 잘 파고든다.

7. 잠깐씩만 쉬었다가 금방 또 달린다.

8. 혹시라도 고장이 났을 땐 잠시만 기다리면 다른 버스를 태워준다.

9. 일단 타고 나면 쉬지 않고 흔들린다.

10. 아침 일찍부터 밤 늦게까지 계속 태워준다.

11. 언제 어디서나 태워준다.

12. 내가 만족하면 내릴 수 있다.

13. 내 마음대로 내려도 화내지 않는다.

14. 언제쯤 내리면 되는지 친절하게 가르쳐 주기도 한

다.

15. 남자 친구와 같이도 태워준다.
16. 여자 친구와 같이도 태워준다.
17. 서로 자기 것에 타라고 경쟁하기도 한다.
18. 타다가 졸아도 괜찮다.
19. 졸다가 깨도 계속 달리고 있다.
20. 남의 시선을 상관하지 않고 탈 수 있다.
21. 달릴 때 욱한 소리가 난다.
22. 넓은 길도 잘 달린다.
23. 길이 넓다고 화내지 않는다.
24. 넓은 길을 꽉 채우고 잘 달린다.
25. 탁 트인 야외에서도 잘 태워준다.
26. 아줌마도 태워준다.
27. 할머니도 태워준다.
28. 타는 사람에게 꼬치꼬치 물어보지 않는다.
29. 처음 보는 사람도 잘 태워준다.
30. 처음 타는 사람도 쉽게 탈 수 있다.

성폭행 당한 여고생

성폭행 당한 여고생이 피임약 사러 약국에 갔다가 성폭행을 당해 도움을 요청하는 여고생을 또다시 성폭행한 택시 운전사와 약국 종업원 등이 경찰에 붙잡혔다.

송모양은 1월 중순 채팅을 하다 알게 된 이모씨가 영화를 보여 주겠다고 해 부산 북구 구포동 약속 장소에 나갔다. 이씨는 모텔에서도 영화를 볼 수 있다며 송양을 인근 모텔로 유인한 뒤 조직폭력배라며 겁을 주고 성폭행을 했다.

다음날 낮 송양은 임신을 할까봐 혼자서 고민하다 친구들에게 들은 "사후 피임약"을 사기 위해 집 근처 약국을 찾았다.

그러나 약국 종업원 박모씨는 "피임약 사용법을 알려주겠다"며 송양을 조제실로 끌고 가 성추행을 했다.

그 후 송양은 답답한 마음에 채팅으로 이야기할 상대를 찾다 김모씨를 알게 됐다. 송양은 몇 차례 채팅을 통해 따뜻한 모습을 보여 줬던 김씨를 믿고 그를 만났다. 오빠처럼 여기고 김씨가 주는 대로 술을 마셨고, 결국 정신을 잃었다. 같은 날 오전 11시경 깨어보니 성폭행을 당한 데다 돈과 휴대전화 등 56만원 상당의 금품까지 없어졌다.

배신감을 느낀 송양은 경찰에 신고하기 위해 곧바로 택시를 탔고 경찰서에 가는 이유를 물어보는 운전사 정모씨에게 울면서 사실을 말했다. 정씨는 위로해 주는 척하다 송양이 잠들자 아파트 지하주차장으로 차를 몰고 들어가 송양을 성폭행했다. 한편 송양과 평소 알고 지내던 최모씨는 송양이 약국 종업원 박씨에게 성추행 당한 사실을 알고 박씨를 찾아가 경찰에 신고하겠다고 협박해 20만원을 갈취했다.

부산 북부경찰서는 2일 청소년 성보호법 위반 혐의 등으로 택시 운전사 정씨와 오락실 종업원 김씨에 대해 구속영장을 신청하고 이씨는 수배했다. 최씨도 공갈혐의로 불구속 입건됐다. 약국 종업원 박씨는 송양 측과 합의하고 송양이 고소를 취하해 풀려났다.

살면서 내가 말하고 놀란 독한 말

라디오 윤종신의 2시 데이트를 듣던 중 재미도 있고 웃겨서 올립니다.

이 주세는 윤종신씨가 어제 야심만만 녹화한 주제라고 하더군요.

기억나는 것만 적을께요.

1. 돈 많은 여자랑 사겼는데 헤어질 때 한 말

• 너랑 사귄 건 돈이랑 몸 때문이야.

2. 어머니가 집 나간다고 했을 때 한 말

• 집 문서랑 통장은 놔두고 가…

3. 비 오는 날 형이 비 맞고 들어왔을 때 한 말

• 아니 개 냄새 난다. 조낸 맞았다.

4. 숏다리 빼고는 흠잡을 게 없는 남편에게 한 말

• 내가 이 숏다리랑 왜 결혼했담.

5. 여자 친구랑 헤어질 때 한 말

• 나 한번도 단 한순간도 널 사랑한 적 없어.

6. 임신한 사실을 알았을 때 남친에게 한 말

• 나 이 애 누구 앤지 모르겠어.

7. 과학선생님이 수업하던 중 인생이야기를 해주게 되셨는데 그때 한 말

• 그냥 수업이나 하시죠… 그날 조낸 맞았다.

8. 여자 친구가 정성껏 라면 끓여줬을 때 한 말

• 버려… 헤어졌다.

9. 여자 친구랑 헤어지면서 왜 헤어지냐고 물었을 때 한 말

• 성형 수술해.

10. 매일 채소 반찬을 사 오는 친구에게 한 말

• 넌 맨날 채소만 사 오냐? 넌 식물인간이냐?

어느 여대생의 일기

난 오늘도 생면부지의 남자와 잠자리를 같이 했다. 대체 이번이 몇 번째인가?

이젠 세는 것도 의미가 없는 지경에 이르렀다. 오늘도 역시 잠에서 깨어보니 허리는 쑤시고 골반이 땡긴다. 피곤하기도 하고… 자세가 좋지 않았었나보다.

자세에 신경을 썼었야 했는데, 이제 후회해도 소용없고, 내가 언제 잠이 들었는지도 기억도 안 난다.

그리고 여전히… 오늘도 다른 낯선 남자가 옆에서 쿨쿨 자고 있다. 흠~~~ 자세히 보니 다행히 잘생겼다.

아~~~ 이게 문제가 아니다. 이번이 첨은 아니다 바로 어제도 생전 첨 보는 남자가 내 옆에서 자고 있었다.

어제는 아버지뻘되는 남자였다. 잠을 자는 남자가 매번 틀린다. 정신을 차려야겠다고 인간이 되자고 그렇게 내 자신에게 다짐했건만 뜻대로 되지 않는 내 자신이 정말로 밉다. 지난번에도 자고 있다가 친구한테 들키는 바람에 망신을 톡톡히 당한 적도 있었다. 아~~ 난, 정말 구제할 수 없는 인간이란 말인가? 이제, 전철에서 그만 자야겠다.

할머니의 비밀번호

급히 송금 할 일이 있어 시골 은행에 들렀는데 마침 할머니 한 분이랑 은행 여직원이 실랑이를 벌이고 있었어요.

여직원 "할매 비밀번호가 머라요?"

할머니 작은 목소리로 "비둘기"

황당한 은행 여직원 다시 한번 "할매요 비밀번호 말 안하면 돈 못 찾는다 아잉교, 비밀번호 말하이소."

그러자 살짝 입을 가리신 할머니 한 번 더 "비둘기"

인내에 끝을 보인 여직원 "할매요 바쁜데 지금 장난하는 것도 아니고 와 이라능교, 퍼뜩 비밀번호 대이소."

그제야 할머니 비밀번호를 말하는데 온 은행이 웃음바다로 뒤집어진거 아닙니까,..

할머니의 비밀번호는 9 9 9 9

할아버지는 어디에

아들이 울먹이며 아빠를 따라가고 있다.

아들 : 아빠, 이제 정말 똘이 못 봐? 볼 수 없어?(똘이는 강아지 이름)

아빠 : 그래, 똘이는 이제 좋은 곳으로 갔어. 다시 못 봐.

아들 : 아빠, 마지막으로 한 번만 볼게.

아빠 : (흠칫 놀라며) 꼭 봐야겠니?

아들 : 네(대답과 동시에 상자를 열어버린다.)

텅 빈 상자안을 보며 아들이 말했다.

아들 : 아빠, 똘이가 없어.

아빠 : (잠시 생각하더니)똘이는 이제 할아버지 계신 곳으로 갔단다.

아들 : (아빠를 보며 울먹이며)정말?

아빠 : 그래.

아들 : (울음을 터뜨리며) 그럼 할아버지도 아빠 뱃속에 있는 거야?

백수의 주기도문

TV에서 어제 저녁에 봤던 프로가 오늘 아침에 재방송으로 또 나와도 전혀 지루함을 못 느끼게 하소서.

처음 본 친구집에 가서도 전혀 불편함을 못 느끼게 하소서.

무릎 나온 운동복 한 벌만으로 능히 한 달을 버틸 수 있게 하소서.

목욕과 세수 그리고 머리 감는 일은 1주일에 한 번만 하게 해 환경보호에 이바지할 수 있도록 해 주시옵소서.

시간 감각이 둔해지게 해 주시옵소서.

무협지 없이는 인생을 무슨 재미로 살까 하는 철학적 고민도 하게 해 주시옵소서.

만화방 아저씨에게 호감이 가는 인상이 되게 하여 주시옵소서.

소주 알기를 생명수로 알고 김치보다 더 좋은 안주는 없단 걸 알게 해 주시옵소서.

주위 사람들의 구박과 구타를 묵묵히 견디어 내는 무신경을 자랑하게 해 주소서.

언제나 바쁜 척하게 해 주시옵소서.

부모님이 잠드는 시간에 맞춰 눈을 뜰 수 있게 해 주시옵고, 부모님이 깨시는 시간에 맞춰 눈을 감을 수 있게 해 주시옵소서.

100원만 들고 오락실을 가도 한 시간은 버틸 수 있게 해 주시옵소서.

다시는 위와 같은 인간이 되지 않게 해 주시옵소서.

이런 거 해 봤어?

꿈속에서 미친 여자 쫓아오며 뽀뽀하자고 해서 막 도망치다가 계단에서 굴러 떨어지다가 깼을 때, 잠 깨면서 혓바닥 콱 깨물어 봤수? 나 해 봤수… 이불에서 마구 뒹굴었지… 3일 동안 혓바닥 부풀어 밥도 제대로 못 먹었지.

목욕탕 욕조에서 배에다 적당한 힘으로 압력을 주면 뽀글뽀글 올라오는 게 있지. 한 번은 압력 계산을 잘 못해서 누런 건더기가 올라오는 바람에 개창피 당해 봤수? 나 해 봤수… 그 목욕탕 주인이 내 얼굴 알아서 두 번 다신 얼씬도 못 하고 있지…

술 먹고 전봇대하고 싸워 본 적 있수? 나 있수… 전봇대… 무지하게 빠르데…더군다나 아스팔트까지 벌떡 일어나 같이 덤비는 바람에 나 무지하게 맞았수. 얼굴에 상처는 꼬박 3년을 가더구만…

사무실에서 폼나게 의자에 털썩 주저앉다가 의자 가운데 다리가 똑 부러져서 완전 전자동 빠샤 해 봤수? 나 해 봤수… 똥꼬 무지 아프데… 마지막 꽁지뼈 전치 3주 진단 나온 사람 있으면 나와 보라 해…

욕조에서 나오다가 앞다리만 쫘악 미끄러져서 다리 찢어 봤수? 나 해 봤수… 생다리를 찢어도 아파서 엉거주춤 할 판인데, 욕조 턱에 가랑이가 콱… 누구한테 욕도 못 하고 눈물만 쫘악…

망치질 할 때 자기 손가락 한 번쯤 안 찍은 사람 없을 걸… 그런데 지 손가락만 찧는 게 아니라. 그 망치로 지 이마도 동시에 찧어 봤수? 나 해 봤수… 손가락 찧고 이마 찧고… 이마에 빵구 나서 싸매고 다녀도 누구한테 왜 그랬는지 절대로 설명할 수가 없어 환장하겠드만…

아들 놈 배 위에 올려 놓고 얼르고 있는 웃는 모습이 너무 귀여워… "여보 이거 좀 봐…"하는데 정통으로 오줌발 입으로 들어와 봤수? 나 있수.. 웃어야 할지, 울어야 할지, 애를 패대기칠 수도 없고..

짜장면 먹다가 사래들려 재채기 해 봤수? 나 해 봤수. 정말 맞은 편 앉은 사람마다 얼굴에 까만 면발 하나씩 가로질러 얹혀 있는 모습 보고 웃을 수도 없고… 미안하지만 ? 줄 수도 없고.. 그런데도 나머지 그 짜장면 다 먹어 봤수? 소화 안 되대...

축구공 차다가 사람 걷어차는 건 자주 있지… 그런데 꼴대 걷어차 봤수? 나 있수… 발목 복잡 골절... 전치 8주 수술하고 병원에 있는데 문병 오는 사람마다 다--- "두 번 다시는 축구하지마…" 창피해서 미치겠드만…

한여름에 남대문 안 채우고 외출한 것까지는 좋다. 이것이 전철에 앉아 있는데…

내 앞에 있는 사람들 눈치가 이상해서 내려다 보니까… 야! 내 가장 중요한 거시기가 밖으로 삐---죽 나와서 인사를 하고 있는 거야… 나는 이날 차라리 죽고 싶었지… 이런 상황은 절대로 길게 설명할 수가 없어…

금실좋은 부부가 아기를 낳았습니다. 하루는 아버지가 이 아이를 데리고 목욕탕에 갔는데 이 아이가 아빠의 그것을 유심히 쳐다보며 하는 말,

"바로 저 놈이다! 내가 엄마 뱃속에 있을 때 밤마다 두들겨 패고 내가 잡으려고 하면 침을 퇘 뱉고 도망치던 놈이!!!"

빌게이츠랑 탐이 있었어요.

탐은 계속 빌게이츠가 만든 프로그램에 태클을 걸었어요. 빌게이츠는 너무 화가 나서 아주 완벽한 프로그램을 만들고 이름을 뭐라고 지었게요?

윈도우 탐색기

인원초과

어떤 신부님이 2명이서 오토바이를 타고 도로에서 과속하다 경찰한테 잡혔죠.

경찰이 "신부님들, 과속하면 안 되죠.. 얼마나 위험한대요…"

그러자 신부님이 "괜찮소… 우리는 이미 하느님과 같이 타고 있소… 하느님과 함께하니 안전하오…" 라고 말하자 경찰이 과속딱지는 떼주지 않았다.

그러면서 하는 말이 "오토바이에 신부2명에 하느님까지 타셨으니 인원초과군요…" 하면서 인원초과 벌금을 물렸다.

레슬링과 부부관계

이제 갓 6살과 4살을 넘긴 남자 형제가 있었다. 그런데 어느 날 밤에 잠을 자다 일어난 4살짜리 동생이 물을 먹으러 주방으로 가다 잘못해서 안방 문을 열게 되었다. 그런데 공교롭게도 때마침 엄마와 아빠가 한참 부부관계를 하고 있었다. 갑자기 열린 문으로 보인 아들의 모습에 아빠는 화들짝 놀랐다. 그리고 잠시 후 멍하니 있던 4살짜리 아들이 소리 내서 울며 이렇게 말했다.

"앙앙앙~~~ 왜 엄마는 아빠하고만 레슬링해! 앙~ 미워!"

그 소리에 엄마 아빠는 한숨을 내쉬며 말했다.

"휴~~ 아직 어려서 아무것도 모르는 거야." 그리고 잠시 후 다시 방으로 들어온 동생을 보고 형은 동생 등을 두어 번 두드려 주며 이렇게 말했다.

"짜식… 둘러대느라고 고생했다!"

따뜻한 침대

아들 가진 부모 누구나 그렇듯 시간이 지나 장성하여 군대에 가게 되었다. 엄마는 추운 겨울 외아들을 군대에 보내고 난 후 너무 보고 싶은 마음에 일주일에 한번씩 편지를 보냈다. 시간은 흐르고 흘러 어느 여름날, 엄마는 여느 때와 마찬가지로 아들에게 편지를 썼다. "보고 싶은 내 아들, 네가 얼마나 그리운지 아직도 니 침대에는 너의 온기가 그대로 어려있는 듯 따끈따끈하구나… 흑~"

그로부터 한 달 후, 그렇게 기다리던 아들의 편지가 왔다.

"보고 싶은 부모님께, 제 방 침대 시트 밑에 있는 전기장판… 깜빡 잊고 그냥 입대 했네요. 꺼 주세요."

웃음소리 모음

색마의 웃음 : Girl Girl Girl Girl

살인마의 웃음 : Kill Kill Kill Kill

요리사의 웃음 : Cook Cook Cook Cook

남자 바람둥이의 웃음 : Her Her Her Her Her

여자 바람둥이의 웃음 : He He He He

축구선수의 웃음 : Kick Kick Kick Kick Kick

수사반장의 웃음 : Who Who Who Who Who

어린애들 웃음 : Kid Kid Kid Kid Kid

악마의 웃음 : Hell Hell Hell Hell Hell

미인과 스승

한 남자가 극진히 존경하던 스승이 죽자 그 이별의 아픔을 견디지 못하고 목숨을 끊어 스승의 뒤를 따랐다.

그런데 스승의 뒤를 쫓아 하늘나라에 들어선 그 제자는 눈앞에 펼쳐진 광경에 놀라지 않을 수 없었다.

그의 스승은 눈부시게 아름다운 여인과 함께 있는 것이 아닌가! 제자는 생각했다. 고행을 자처한 육신이 저승에 와서 확실한 영광을 누리게 되는구나! 제자는 스승에게 달려가 절을 하면서 물었다.

"선생님 정말 큰 상을 받으셨군요. 전에는 설마 했는데 이렇게 와서 보니 감개무량합니다."

"그게 아니라 사실은..."

스승이 말을 잇지 못하자 옆에 있던 아름다운 여인이 말했다.

"이 바보야! 내가 이 인간한테 주어진 상이 아니라, 이 인간이 나한테 주어진 벌이란 말이야."

부인과 변호사

어느 중년 부인이 이혼을 원해서 변호사를 찾았다.

변호사 : 이혼을 하시려는 이유가 뭐죠?

부인 : 저는 남편과 날씨 좋은 봄날에 결혼을 했죠! 화사한 꽃들과 하객들의 화사한 차림들...

변호사 : 아니 이혼 사유가 뭐냐고요!

부인 : 아! 우리는 2년 만에 첫 아이를 낳았어요. 딸이었는데 어찌나 저를 닮았던지..

변호사 : 그게 아니라 도대체 이혼하려는 이유를 말해 주세요!

부인 : 아, 그거요? 간단해요. 남편과는 도대체 대화가 안 통해요.

아내와 담배

아내를 의심하던 남편이 지방출장을 간다고 했다가 갑자기 취소 됐다며 한밤중 집에 들이닥쳤다. 집으로 들어선 남편이 탁자 위에 놓여 있는 담배를 보더니 눈을 부릅뜨고 아내를 다그쳤다.

"이 담배 어디서 났는지 당장 말해."

"그렇지 않으면 여기서 끝장날 줄 알아!"

그랬더니 벽장 속에서 한 외간 남자의 떨리면서도 기어 들어가는 목소리가 들려왔다.

"저… 그거 선물 받은 것인데요…"

지하철 상인

1. 천 원이 기준이다 : 천 원짜리 한 장만 받습니다.

2. 물건을 판다는 말은 안 한다 : 잠시 양해 말씀드리겠습니다.

3. 회사는 항상 부도가 났다 : 회사가 망해서 이렇게 나왔습니다.

4. 항상 무더기로 판다 : 이 모든 것들을 천 원짜리 한 장만 받습니다.

처음의 여자

남자가 새로 사귄 여자 친구를 안아 주며 말했다.

"너를 안고 싶다고 말을 꺼낸 사람이 내가 처음이란 말이지?"

그 말을 듣고 여자가 말했다.

"그렇다니까요. 지금까지의 남자들은 모두 말없이 나를 안았어요."

남편과 수염

남편이 아침 일찍 일어나 수염을 깎으며 아내에게 말했다.

"여보! 아침에 수염을 깎고 나면 한 10년은 젊어진 것처럼 보인단 말이야! 당신이 보기에도 그렇지 않아?"

그러자 부인이 말했다.

"어머! 그럼 내일부터는 잠자리에 들기 전에 꼭 깎으세요!"

너 시험을 당해

믿는 좋은 며느리가 예수 믿지 않는 시어머니께 늘 핍박을 받으며 살고 있었습니다.

그러나 시어머니의 영혼을 위해 눈물의 기도를 하고 특별히 찬송가 395장 "너 시험을 당해"를 부르며 위로를 받았습니다.

그러던 어느 날 교회 신도들이 시어머니에게 합심 전도를 하러 갔습니다.

"할머니, 예수님 믿으시고 교회 나오세요. 며느님이 할머니를 위해 눈물로 기도하고 계세요."

"흥! 그것 다 왕내숭 떠는 거예요. 나도 기도하러 갈 때 몰래 따라가 봤는데, 이 시어미를 이겨 버리자는 노래만 부릅디다."

깜짝 놀란 집사님 한 분이 여쭈어 보았습니다.

"무슨 노래였는데요?"

"거~ 뭐라더라..."

"너 시어밀 당해 범죄치 말고~"

"너 용기를 다해 늘 물리쳐라~"

"너 시어밀 이겨 새 힘을 얻고~"

한석봉 어머니

피곤한 어머니

한석봉 : 어머니, 제가 돌아왔습니다.

어머니 : 자, 그렇다면 어서 불을 꺼 보거라.

한석봉 : 글을 써 보일까요?

어머니 : 글은 무슨.... 잠이나 자자꾸나.

무관심한 어머니

한석봉 : 어머니, 제가 돌아왔습니다.

어머니 : 언제 나갔었냐?

바람둥이 어머니

한석봉 : 어머니, 제가 돌아왔습니다.

어머니 : 석봉아 미안하다. 이제 네 이름은 이석봉이다.

사오정 어머니

한석봉 : 어머니, 제가 돌아왔습니다.

어머니 : 그렇다면 시험을 해 보자꾸나. 불을 끄고 넌 떡을 썰어라. 난 글을 쓸테니.

한석봉 : 어머니, 바뀌었사옵니다.

겁 많은 어머니

한석봉 : 어머니, 제가 돌아왔습니다.

어머니 : 자, 그렇다면 난 떡을 썰 테니 넌 글을 써 보도록 하거라.

한석봉 : 어머니, 불을 꺼야 하지 않을까요?

어머니 : 손 베면 네가 책임질래?

배고픈 어머니

한석봉 : 어머니, 제가 돌아왔습니다.

어머니 : 자, 그렇다면 난 떡을 썰 테니 넌 물을 올려라.

미리 썰어 놓은 떡을 바꿔 치기한 어머니…

한석봉 : 어머니, 제가 돌아왔습니다.

어머니 : 아니, 벌써 돌아오다니, 그렇다면 시험을 해 보자꾸나 불을 끄거라, 난 떡을 썰 테니 넌 글을 쓰도록 하거라 잠시후…

한석봉 : 어머니, 정말 대단하십니다.

어머니 : 우하하, 당연하지.

집 잘못 찾아온 한석봉

한석봉 : 어머니, 제가 돌아왔습니다.

어머니 : 어머, 누구신가요?

잘난 척 하다 글도 못 써 보고 쫓겨난 한석봉

한석봉 : 어머니, 제가 돌아왔습니다.

어머니 : 그렇다면 불을 끄거라.

한석봉 : 어머니는 떡을 쓰시고 전 글을 쓰라 이거죠?

어머니 : 어헉, 그걸 어찌 알았느냐?

한석봉 : 이미 책에서 읽었사옵니다.

어머니 : 그렇다면 알아서 나가거라.

사냥꾼 위에 곰이 있었네

곰이 자기를 겨누고 있는 사냥꾼을 향해 백기를 들고 다가가 말했다.

"우리 서로 싸우지 말고 필요한 것을 위해 협상하면 어떻겠소?"

"좋지, 난 곰가죽으로 만든 코트를 입고 싶걸랑."

"그건 별로 어려운 문제가 아니네요. 난 단지 배가 고플 뿐이니까. 내 굴로 가서 함께 해결 방법을 찾아봅시다."

그런데 굴 입구에 이르자 갑자기 곰이 사냥꾼을 물어뜯었다.

"이봐 약속이 틀리잖아."

사냥꾼이 비명을 지르며 말하자 곰이 말했다.

"난 이래봬도 신사적인 곰이라구. 이게 다 약속을 지키기 위한 거야. 내가 배를 채우면 넌 자동으로 곰가죽 코트를 입게 되잖아!"

결승전과 노부부

대망의 월드컵 결승전!

어느 할아버지가 표 두 장을 들고 혼자 와서 자리에 앉았다. 옆사람이 묻기를,

"표는 두장 인데 왜 혼자 오셨어요?"

할아버지 왈,

"지난 50년간 나는 늘 집사람과 월드컵 결승전을 함께 관람했죠. 이번 월드컵도 일찌감치 표를 사 두었다우. 그런데 올해는 마누라가 세상을 떠버려서..."

옆사람이 다시 묻기를,

"그래도 형제나 자식들이나, 함께 올 분이 있었을 텐데요."

할아버지 왈,

"전부 마누라 장례식 갔다우."

거북과 사자의 경주

거북과 사자가 경주를 하게 되었다.

하지만 사자는 기분이 나빴다. 정글의 왕인 자신이 한낱 거북과의 경주라니… 사자는 거북을 약올리기 시작했다.

"야, 너 가방 좋~~다. 안 무겁냐? 웬만하면 벗고 뛰지 그래?"

묵묵부답 거북.

더 심술이 난 사자는 "야, 벗고 뛰지, 벗고 뛰어?"라고 계속 놀렸다. 침묵하던 거북은 마침내 사자를 째려보며 느릿느릿 한마디,

"야, 니 머리나 묶고 뛰어!"

우리민족의 시작은

그중 한 문제가 고조선의 건국에 대해 30줄 이상으로 서술하라였대요.

그러자 학생들은 X빠지게 펜을 놀리기 시작했습니다.

"환인과 웅녀 사이에 태어난 단군왕검이 아사달에 도읍을 정하고… (중략)

우리 민족 최초의 독립국가였다…(후략)" 대다수가 비슷비슷한 답들을 땀을 삐질삐질 흘리며 쓰는데 한 학생이 끄적거리더니 시험지를 놓고 나가버렸대요.

조교가 다가가서 그 시험지를 읽더니 박장대소를 했다는 것입니다. 그 시험지에는 이렇게 써 있었대요.

"환인의 손이 웅녀의 아랫도리를 덮쳐왔다…(중략)…

웅녀의 신음이 가빠왔다…(중략)…

우리 민족 시초의 탄생의 순간이었다."

물건을 가진 자

한 부부가 호수가 휴양지에 휴가를 갔다. 낚시광인 남편이 배를 타고 새벽 낚시를 나갔다 들어와서 낮잠을 자는 동안, 부인이 혼자 보트를 타고 호수 가운데까지 나가서 돛을 내리고 시원한 호수 바람을 즐기며 책을 읽고 있었다. 경찰 보트가 순찰을 하다가 부인이 탄 보트에 다가와 검문을 했다. "부인, 여기서 무엇을 하고 계십니까?"

"책을 읽고 있는데요, 뭐 잘못된 것이라도 있습니까?"

"예," 이 지역은 낚시 금지 구역이라 벌금을 내셔야겠습니다.

"아니, 여보세요, 낚시를 하지도 않았는데 벌금을 왜 낸단 말이예요?"

"현장에서 낚시를 하고 있지는 않더라도, 배에 낚시 도구를 완전히 갖추고 금지 구역 내에 정박하고 있는 것은 벌금 사유에 해당됩니다."

“그래요? 그럼 난 당신을 죄로 고발하겠어요.”

“아니, 부인 난 부인에게 손댄 적이 없는데… 죄라뇨?”

“당신도 시방 필요한 물건은 다 갖추고 내 가까이 있잖아요?”

성교육은 이 정도는 돼야지

예전에 강북쪽에 있는 Y여고에 다녔었지, 동네와 학교는 익명으로 올립니당. 헤헤~.

어느 날 학교에서 성교육을 한다면서 전체 학생들과 전체 선생님들까지 강당에서 모였다고 합니다. 중학교때도 성교육을 받았던지라 오늘도 역시 똑같은 말에 똑같은 내용이겠지 하거니 하고 모든 학생들은 시끌시끌 떠들었답니다. 그때 성교육 해 주실 강사분이 나왔는데 검은테 안경에 뽀글뽀글 파마머리를 하신 여자분이 나오셨더래요. 겉으로 보기에는 그냥 평범한 성교육 강사이거니 했답니다. 그런데…말을 하기 시작하는데 XX행위에 관한 야그를 하는데 특히 여자들 그런 거 할 때는 바나나, 오이 같은 걸로 이상한 짓 하지 말라고 하시더랍니다. 그 얘기를 들은 여학생들과 남녀 선생님들은 점점 얼굴이 상기가 되었다죠. 그 친구가 말한 즉슨, 그렇게 생생하고 알찬 성교육은 첨 들어봤다고 하더군요. 흐

미. 그러더니 1시간 후에 강의가 끝날 때쯤 갑자기 그 강사가 모두 오른손을 들라고 하더랍니다. 마지막으로 구호를 5번 외치면서 오늘 강의를 마친다고 하셨답니다.

그들이 얼떨결에 외친 구호 압권입니다.

"주지도 말고 받지도 말자!!!"

여기까지가 끝이 아닙니당. 그 성교육을 들은 제 친구가 집으로 가서 오늘 들었던 XX행위 얘기에 대해 엄마한테 얘기를 했답니다. 그 얘기를 들으면서 설거지를 하시던 엄마께서 무뚝뚝한 표정으로 말씀하신 한마디는 "바나나가 무슨 힘이 있다고…"

차가운 부부(제대로 좀 해 봐)

누군 제대로 안 하고 싶어 안 하나? 나름대로는 최선을 다하고 있는데 미동도 안 하던 아내가 이런 말을 한다면, 남편은 그 즉시 풀 죽어 영영 회복이 안 될 수도 있다. "그렇게 하는 건 싫어!!!"

매일 그날이 그날 같은 섹스에서 탈피해 색다른 시도를 해보고 싶은 남편을 거부하는 아내, 섹스할 때조차 자신을 여왕처럼 받들어 주길 원하는 아내의 이기적인 모습에 질리지 않을 수 있나?

"아! 아프잖아!!!"

다소 거친 남편의 동작 때문에 힘들더라도 이런 신경질적인 반응은 자제한다. 그것도 좋긴 한데 이렇게 하는 게 더 좋아 식으로 자신의 취향을 알려주는 게 더 바람직하다.

"누가 들으면 어떻게 해!!!"

주위 환경에 지나치게 민감한 아내는 피곤하다. 침대

소리가 거슬려서, 옆집에 교성이 들리까봐, 때로는 베개 부시럭거리는 소리조차 참지 못하는 아내의 예민한 반응은 곧 섹스에 그만큼 몰입하지 못한다는 증거, 남편 역시 이런 아내의 반응 때문에 예민해지게 된다.

주위 다른 것에 완전히 신경을 끄고 오직 섹스에만 몰입하는 열정이 필요하다.

이름 때문에

어느 날 저녁, 미국 주둔 지역에 한 술 취한 한국 남자가 거리를 헤매고 있었다.

그를 발견한 미군 병사가 그에게 다가가 웃는 얼굴로 물었다.

"What's your name?"

그 술 취한 남자는 뭐라고 대답했다.

그러자 남자의 말을 들은 미군 병사의 얼굴이 싸늘하게 변하는 것이었다.

미군 병사가 다시 한번 물었다.

"What's your name?"

술 취한 남자가 또 뭐라고 말했다.

미군 병사가 이번에는 화가 난 얼굴로 다시 물었다. "What's your name?" 그 남자가 다시 또 뭐라고 대답하자 미군병사는 한참 씩씩거리다가 총을 뽑아 그 남자를 쏘고 말았다.

다음날 아침, 신분 확인을 위해 시체를 살피던 경찰은 바지에서 주민등록증을 발견했다. 거기엔 이렇게 적혀 있었다.

성명 : 박규(Fuck you)

머피의 법칙

1. 치통의 법칙 : 치통은 치과 문 닫는 토요일 오후부터 시작된다.

2. 라디오의 법칙 : 라디오를 틀면 언제나 좋아하는 노래의 마지막 부문이 나온다.

3. 미용실의 법칙 : 헤어스타일을 바꾸려고 작정하면 사람들이 갑자기 스타일이 멋지다고 한다.

4. 전화의 제1법칙 : 펜이 있으면 메모지가 없고, 메모지가 있으면 펜이 없고, 펜과 메모지 둘 다 있으면 메모할 일이 없다.

5. 전화의 제2법칙 : 전화번호를 잘못 눌렀음을 깨닫는 순간 상대방이 통화중인 경우는 절대 없다.

6. 편지의 법칙 : 기가 막힌 문구가 떠오르는 때는 꼭 편지를 봉투에 넣고 풀로 붙인 직후다.

7. 쇼핑백의 법칙 : 집에 가는 길에 먹으려고 생각한 초콜릿은 언제나 쇼핑백의 맨 밑바닥에 깔려 있다.

8. 법스의 법칙 : 버스 안에서 간만에 좋은 노래가 나올라치면 꼭 안내방송이 나온다. 또 도로가 꽉 막혀 있을 때면 어김없이 트로트가 나온다.

9. 바코드의 법칙 : 사면서 좀 창피하다는 생각이 드는 물건일수록 계산대에서 바코드가 잘 찍히지 않는다.

10. 인체의 법칙 : 들고 있는 물건이 무거울수록 그리고 옮겨야 할 거리가 멀수록 코는 그만큼 더 가렵다.

11. 수면의 법칙 : 코를 심하게 고는 쪽이 항상 제일 먼저 잔다.

어처구니 없는 죽음 BEST 10

10위 : 27세의 프랑스 여인이 운전 중 나무를 들이받고 사망. 이유는 키우던 다마고치의 밥을 주기 위해 운전을 소홀히 하다가 그랬다고 다마고치 살리려다 본인이 죽다니.

9위 : 22세의 미국 청년이 번지점프를 하다 사망. 수십 개의 문어다리를 테이프로 엮어서 고가 철로에 매고 뛰어내렸는데 경찰에 의하면 줄의 길이가 철로 높이보다 길었다고 함.

8위 : 텍사스의 중형 창고업체에서 가스가 누출됨.

회사측은 즉시 발화 원인이 될 만한 모든 요인을 차단하고 직원을 대피시킴. 가스회사에서 두 명이 파견됨. 점검을 위해 창고로 들어온 직원 중 하나가 전등이 안 켜지자 가스 라이터를 켬. 창고 완전 폭발하고 두 명의 시신은 흔적도 없었다고.

7위 : 이태리 피사에 사는 Romolo Riboiia는 오랫동

안 직업을 구하지 못해 장기 실업 상태에 있던 자신의 처지를 비관 권총을 머리에 대고 자살을 기도했다. 그 광경을 목격한 그의 아내가 1시간에 걸친 설득 끝에 간신히 그를 안정시키고 총을 내려 놓게 만들었는데 울음을 터뜨리며 총을 마루 바닥에 내려놓는 순간 발사되어 애꿎은 아내가 총에 맞았다. 부인 사망.

6위 : 1977년 뉴욕에서 한 남자가 차에 치였으나 별 부상을 입지 않고 벌떡 일어났다. 그런데 그걸 본 목격자가 그러지 말고 다친 척하고 차 앞에 쓰러져 있다가 나중에 보험금을 타라고 귀뜸을 해 주자, 그는 차 앞에 다시 엎드렸는데 바로 그 순간 차가 다시 출발했다. 물론 죽었다.

5위 : 1993년 달라스에서 높이가 너무 낮은 터널이나 육교의 위험성을 알려 일반인들의 경각심을 불러 일으킬 목적으로 홍보 영화를 촬영중이던 Mike Stewart는 자신이 타고 촬영하던 트럭이 높이가 너무 낮은 육교 밑을 지나가다는 것을 모르고 계속 촬영하다 육교에 머리를 부딪혀 죽었다.

4위 : 세 명의 브라질 남자가 비행기 추락사로 사망. 사망 원인은 비행 중 다른 비행기에 대고 엉덩이를 까 보이다가 조종간을 놓쳐서 추락한 듯. 사체 발견 시 모두 바지가 발목까지 내려와 있었다고.

3위 : 아일랜드 시골에서 공장을 운영하던 Geopige Schwartz는 자신의 공장이 한쪽 벽만 제외하고 완전히 파괴될 정도의 폭파 사고에도 불구하고, 폭파 당시 무너지지 않은 바로 그 벽 옆에 서 있었던 관계로 약간의 찰과상만 입고 기적적으로 살아 남았다. 병원에서 며칠간 간단한 치료를 받고 퇴원, 공장 잔해에서 자신의 서류를 챙기던 그는 그 남아 있던 한쪽 벽이 갑자기 무너져 깔려 죽었다.

2위 : 영국의 Leeds에 사는 26세의 점원 Walter Hallas는 평소 너무도 치과 가기를 무서워한 나머지 충치가 아파 더 이상 견딜 수 없게 되자 동료에게 자신의 턱을 치게 해서 그 아픈 이빨을 뽑으려고 했다. 그런데 그 동료가 턱을 치는 충격에 넘어진 Hallas는 뇌진탕으로 즉사했다.

대망의 1위 : 한 캐나다 젊은이가 술 사 마실 돈이 없자 휘발유랑 우유를 섞어 마심. 당근 배탈이 났고, 집안의 벽난로에다 대고 토함. 벽난로 폭발하면서 집 날라가고 본인은 물론 집 안에 있던 누이까지 죽임.

너무 황당한 실화

헝가리 시골을 오토바이로 여행하고 있던 Critso Falatti는 기찻길 건널목에서 차단기가 내려와 건널목에서 섰다. 열차가 지나가길 기다리는 동안 염소 한 마리를 끌고 한 농부가 그의 뒤에 섰다. 그 농부가 염소줄을 내려온 차단기에 걸고는 그와 이야기를 나누는 사이, 이번에는 마차가 그의 옆에 섰고 바로 뒤에는 스포츠카가 섰다. 잠시 후, 기차가 커다란 소리를 내며 지나가는 순간, 놀란 말이 Falatti의 팔을 물어버렸다. Falatti는 화가 나서 말의 마빡을 주먹으로 내리쳤고, 그러자 말 주인이 마차에서 내려와 그와 싸우게 되었고, 주인이 싸우는 것에 더욱 놀란 말이 갑자기 뒤로 달리는 바람에 뒤에 서 있는 스포츠카를 마차로 들이받아 스포츠카 뚜껑을 날려 버렸다. 이에 스포츠카 운전사도 내려서 싸움에 끼어들었고 잠자코 있던 농부가 이들을 말리는 사이 차단기가 올라가 염소가 졸지에 교수형 당하고 말았다.

이 사건은 헝가리 보험사고 사상 가장 복잡한 사고였다고함

독일 소도시 Guestersloh를 짙은 안개 속에 운전하던 두 운전자가 교통사고를 당해 둘 다 중상을 입었다. 그런데 그들의 차는 흠집 하나 없었다. 도대체 어떻게 된 걸까? 나중에 병원에서 정신을 차린 이들이 진술한 바에 따르면 하도 안개가 짙어 중앙선조차 잘 보이지 않자 둘다 운전석 창밖으로 목을 내놓고 달리다가 맞은편에서 목 내놓고 달려오던 상대방 머리를 서로 박치기한 것이었다고. 차는 전혀 부딪히지 않고, 세계 유일의 머리 정면 충돌사고였다고 함.

연구비 따 내기

어느 과에서 연구비를 얼마나 더 갖게 되느냐… 하는 것이다. K대에서도 전기, 전자, 전파공학과가 통합하면서 이 문제를 거론했다.

어느 날 대학교수님들이 대학원생들이 모인 세미나 자리에서 이 문제가 언급됐다. 먼저 전파공학과 교수님들이 목청을 높였다. "당신들 중에 핸드폰 없는 사람 있으면 나와 봐!"

21세기는 정보통신 시대야. 통신이 곧 나라의 경쟁력을 높이는 방법이라는 걸 모르는 건가요? 그러니까 전파공학과에게 모든 연구비를 몰아주세요! 이 말에 전파공학과 대학원생들이 일제히 고개를 끄덕이며 박수를 쳤다.

그러자 전자공학과 교수가 벌떡 일어나 말했다.

"그게 무슨 소리입니까? 컴퓨터와 최첨단 전자제어장치 없이는 정보통신은 택도 없는 걸 모르십니까? 군

소리 하지들 말고 이번 연구비 우리 과로 주십시요."

교수님의 말이 끝나기가 무섭게 전자공학과 학생들이 기립 박수를 치며 환호하였다. 그러자 전기공학과 교수님이 분해서 씩씩거리며 전기과 학생들에게 말했다.

"애들아, 나가서 두꺼비집 내려라."

낚시란 이런 것이다!

그녀가 내게 말했다.

아주 노골적으로 오늘 밤을 꼴딱 새도 좋아. 흔들어도 좋구. 피가 나도 좋아. 제발 싸지만 말아 줘. 정말 부탁이야.... 그녀가 너무도 간곡하게 원했다. 이상은

고스톱,... 이야기였습다.

가족의 개념

미국 : 나, 부인, 자녀, 애완동물.

일본 : 나, 부인.

한국 : 증조할아버지, 증조할머니, 친할아버지, 친할머니, 외할머니, 외할아버지, 삼촌, 외숙모, 고모부, 고모, 이모부, 이모, 매형, 동서, 처제, 형, 누나, 동생, 사촌, 조카, 아참! 그리고 나.

가정에서 가장 보호받는 계층

미국 : 아이들.

일본 : 여인들.

한국 : 노인들.

여성의 지위

미국 : 남자와 동등한 취급을 받는다고 알려졌으나 실제로는 상당한 차별 대우가 존재한다, 패미니스트들의 왕국

일본 : 남자가 시키는 일 다하고 항상 사근사근하게 대해 준다. 정말 여자 지위가 형편없게 보이지만 사실 얻어맞는 쪽, 소박 맞고 쫓겨나는 쪽은 항상 남자쪽이다. 가끔 이 새끼들은 불쌍해지기 위해 사는 게 아닌가 생각이 든다.

한국 : 이미 여성상위 시대가 된지 오래 됐다. 이젠 여성도 남자들과 함께 상위에서 식사한다.

옛날 어머니들

미국 : 장애인을 도와야 한다. 물건을 훔치지 마라. 예의범절을 지켜라.

일본 : 남들에게 피해를 입히지 말아라. 열심히 공부하고 성실히 일해라.

한국 : 국가와 민족을 먼저 생각해라. 항상 정의를 위한 삶을 살아라.

요즘 어머니들(일부)

미국 : 총기를 든 아이를 보면 얼른 도망가라. 콘돔을 항상 보유해라.

일본 : 지금 사귀는 그 아저씨랑 헤어져라. 25살 차이는 너무하다.

한국 : 맞고 들어오려면 집에 오지 마라. 니가 먼저 때려라!

말 잘 듣는 아버지

나이 많은 사오정이 시외버스를 탔다.

10분쯤 지나자 사오정이 운전기사에게 물었다.

"기사양반, 수원은 아직 멀었나?" "아직이요, 수원에 도착하기 전에 알려드릴께요."

하지만 사오정은 10분마다 계속 물어봤고, 운전사는 늙은 사오정에게 화를 낼 수도 없어서 계속 같은 대답을 하며 자신을 타일렀다. 한 시간 쯤 지나 마침내 수원에 도착했다. 운전사는 정류장에 차를 세우고 홀가분한 기분으로 말했다. "어르신, 다 왔습니다." "수원이유?" "예, 내리세요."그러자 사오정이 약 봉지를 꺼내면서 대답했다. "아, 아들 녀석이 버스가 수원에 갔을 때쯤 약을 먹으라고 했거든. 그래 부산은 아직 멀었나?"

게릴라 전법

그 교수의 방침은 엄격했다. 땡 소리와 함께 답안지를 제출해야 하며 그 이후에도 답안지를 작성하는 경우에는 빵점을 준다는 것이다.

그런데 한 학생이 땡 하고 나서도 답안지를 쓰더니 그것을 제출하려고 성큼성큼 걸어 나갔다.

"그건 낼 것 없네. 학생은 빵점이야."라고 교수는 말했다.

그는 교수를 바라보더니 "내가 누군지 아십니까?" 하고 물었다. "몰라, 하지만 자네가 미국 대통령 아들이라고 해도 개의치 않아. 자네는 빵점이야."라고 교수는 말했다. "내가 누군지 전혀 모른다는 말인가요?"라고 그는 언성을 높였다.

"그렇다네"라고 교수가 대답했다.

"좋습니다."라고 한 그는 쌓여있는 답안지들 중간쯤에 그것을 쑤셔 넣고는 급히 사라졌다.

정신병자 둘

두 명의 정신병자가 산책을 하고 있었습니다. 그런데 옥신각신 싸우는 것이었습니다. 해를 보고 한 정신병자는 "저건 달이야!"하고 외쳤어요.

그리고 한 정신병자는 "아냐, 저건 별이야!"하고 외쳤습니다.

그런데 자전거를 타고 지나가던 사람이 마침 그 둘의 옆으로 지나가고 있었답니다. 기회다 싶은 정신병자 둘은 자전거를 타고 가는 사람에게 물었습니다. "저게 달인가요? 별인가요?"이렇게 말이죠.

곧이어 자전거 탄 사람이 이렇게 말했습니다.

"전 이 동네 사람이 아니라 잘 모르겠는데요,,,,"

개똥이의 장래 희망

할머니 : 어이구, 개똥아, 넌 커서 뭐가 될 거냐?

개똥이 : 군인이요.

할머니 : 안돼. 군인은 적군에게 총 맞아서 위험해.

개똥이 : 그럼, 적군이 될래요.

아버지의 성함

학생이 전학을 왔다.

담임 선생님이 학생 기록부를 작성하려고 학생에게 아버지 성함을 물었다.

선생님 : 아버지 성함이 뭐니?

학생 : 예, 진가진 입니다.

선생님 : 이놈아, 부모님 성함을 그렇게 막 부르면 쓰나?

학생 : 죄송합니다.

선생님 : 다시 말해 봐.

학생 : 예, 아버지 성함은 진짜 가짜 진짜입니다.

선생님 : ....

잡아야 팔지

어떤 남자가 그랜저를 뽑아 신나게 달리고 있는데 웬 닭 한 마리가 그랜저보다 더 빨리 달리고 있어서 이 남자 속력을 더 낸 거야...

그런데 닭도 질세라 더 빨리 달리는 거야. 이 자... 닭 주인장한테 닭을 팔으라고 간청을 했지. 힘이 워낙 좋은 것 같아서 봄날에 영양 보충으로 몸 보신 하려구... 주인장왈… 팔 수가 없다고 고개를 설레설레 흔들더래. 왜요? 돈이 적어서???

좌우지간 못 판다고 거절을 하더래. 그러지 말고 내가 십만 원 줄 테니 파시오. 주인장 안 된대도 그러네, 이 남자 화가 나서… 아니, 돈이 적어서 그러는 거요. 팔라고 하는데 왜 안 파는 거요. 주인장!! 내가 백만 원 줘도 안 팔 거유. 주인장 왈!!! 나두 댁한테 팔고 싶어 미치겠수.

그런데 잡혀야 팔지.

가슴이 작은 여자?

어느 가슴이 아주 작은 여자가 있었다.

그녀가 샤워를 마치고 나와 브래지어를 하는데 옆에서 보고 있던 그녀의 남편이 그녀에게 한마디를 했다.

"가슴도 작은데 뭐하러 브래지어를 하냐?"

그러자 그녀가 남편한테 한마디 했다. "내가 언제 너 팬티 입는 거 보고 뭐라고 하디!!!"

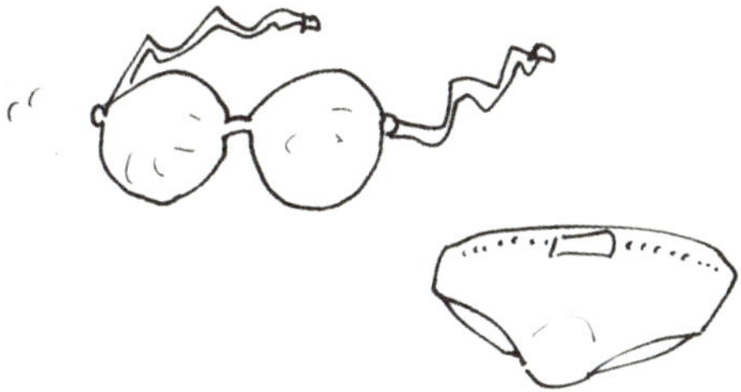

멍청한 사냥꾼

사냥꾼 2명이 숲 속에서 사냥을 하다가 1명이 사고를 당해 정신을 잃었다. 당황한 동료는 휴대전화로 긴급 구조를 요청했다. 사냥꾼이 전화를 받는 구조 상담원에게 "죽은 것 같습니다."고 말하자, 상담원은 "침착하시오. 죽었는지를 확실히 하십시오."라고 확인했다. 잠시 정적이 흐른 뒤, 한 발의 총성.

"이제 됐습니다. 다음엔 어떻게 해야 되나요?" 하고 사냥꾼이 상담원에게 물었다.

곰보빵? 소보로빵?

–곰보빵? 소보로빵?

곰보빵을 너무 좋아하는 달봉이가 있었다. 하루는 곰보빵을 너무 먹고 싶어서 돼지 저금통을 깨서 빵집에 들어갔다. 그런데 여종업원 얼굴이 곰보 아닌가? 곰보빵 달라고 하면 자기를 흉보는 것 같아 종업원 기분이 나쁘겠고, 곰보빵은 먹어야 겠고 해서 곰곰이 생각하던 달봉이...

'아! 곰보빵을 소보로라고 하니까 소보로빵 달라고 해야겠다' 하고 종업원에게 다가간 달봉이 이렇게 외쳤다.

"소보로누나, 곰보빵 두 개만 주세요."

기름...? 길음...?

어느 학생이 늦은 시간에 전철을 타고 가는 중이었다.

시간이 늦어서 그런지 전철 안에는 사람들도 별로 없었다. 음악을 들으면서 가고 있는데 맞은편에서 어떤 아저씨가 와 보라고 손짓을 하는 것이었다. 주위를 둘러보니 아무도 없고 자신밖에 없길래 가야하나 말아야 하나 망설이는데 아저씨가 술이 취한 것 같기도 해서 일단 가 보았다.

학생 : 왜 그러시죠?

아저씨 : 학생 이거 기름으로 가는 것 맞나?

학생은 아저씨가 술이 취해서 그런 건지 해서 어이가 없어서 대답해 줬다.

학생 : 아저씨 이건 기름으로 가는 게 아니고 전기로 가는 거예요.

그러자 그말을 듣는 순간 아저씨가 엄청난 스피드로 전철에서 내리더니 후다닥 뛰어가는 것이었다.

학생은 뭐 저런 아저씨가 있나 해서 음악을 들으려고 하는 순간 갑자기 방송이 나도는데,

방송 : 이번 역은 길음, 길음역입니다. 내리실 분은 오른쪽입니다.

헉!! 학생은 깜짝 놀랐다. 이걸 어쩌나 그리고 다음 방송에서 나오는 말

방송 : 이 전철은 XXX행 막차입니다. 출발하겠습니다.

나와서 문 닫아!

무시무시한 영어선생님 시간. 그러나 칠판에 필기를 마치고 돌아선 선생님을 보는 순간 아이들은 도저히 웃음을 참을 수 없었다. 선생님의 바지 지퍼가 열려 있었기 때문. 한 학생이 용기를 냈다.

"선생님 문이 열렸는데요." 그러자 선생님, 왈…

"거기, 맨 뒷사람, 나와서 문 닫아!!!"

차비

한 남자 고등학생이 시내에 나갔다가 그만 차비를 잃어 버렸다. 용기를 내어 지나가던 여고생에게 말을 걸었다.

남학생 : 저어… 저기… 저…

여학생 : 왜 그러세요?

남학생 : 저… 차비 좀 빌려 주세요.

여학생 : (의외로 상냥하게) 시간 있으세요?

남학생 : (너무 좋아서) 넷, 있습니다.!

여학생 : 그럼 걸어가세요.

◉ 어느 날 바보가 억지로 어버이날이 돼서 편지를 쓰게 되는데…

담임 선생님이 그 편지를 보고 10초 동안 웃게 됐다.

편지 내용은

사랑하는 부모님께.

안녕하시오. 나 바보 올시다. 학교의 강앞의 의 해 편지를 쓰게 되는 구려.

맞춤법이 틀리다고 집에서 놀리시 마시오.

그렇다고 때리면 나도 같이 싸우겠소.

오랜만에 편지를 쓰니 팔이 떨리는구려.. 허허

내 몇가지 부탁할께있소

우선 모친께서는 과자 양을 늘려 주시고 부친께서는 핸드폰을 사주기 바라오. 고마운게 몇가지 있소 일딴 소인을 세상에 태어나게 한 것을 감사하오. 그리고 키워준 것도 감사하오 기타등등이 있소 이렇게 쓰다가 담임 선생님 한테 걸리면 호나니 그만쓰겠소 아니 쓰는 김에 계속 쓰겠소. 졸림가 동시에 팔이 아프니 그만쓰겠소

2004년 어버이일

P.S주소는 담임선생님이 쓰지말라고하오

◉ 어느 모여고에서 신체검사를 했다

몸무게 검사를 하고 있는데 기계가 최신 기계이다 보니 기계가 말을 했다. 예를 들어 "당신의 몸무게는 50킬로그램입니다."라고 기계의 여자가 말을 했다. 그런데 문제는 그 반의 고도의 비만인 여학생이 무려 90킬로그램을 넘는 몸무게로 조심스레 올라갔더니 기계에서 하는 말...

한 사람씩 올라가 주십시오!

◉ 어느 날 택시에 어떤 할머니가 탔어요

택시기사:어디로 가실까요?

할머니:아무 데나 가버려

도착을 하자 할머니는 요금을 내야 했는데!!!

할머니:얼마유?

택시기사:1000원입니다.

그러자 할머니는 500원을 내놓았다. 이유는?

할머니는 이렇게 대답했다.

할머니:너도 탔으니 반반씩 내야지. 자슥아.

◉ **동물원에 재롱을 잘 피우는 원숭이가 있었어요**

그런데 그 원숭이가 어떤 병에 걸려서 죽어버렸어요. 그러니까 그 동물원에는 재롱을 잘 피우는 원숭이가 없으니까 관객이 매우 없었어요. 그래서 동물원 사장은 결심을 했죠. " 씨, 사람 원숭이 어떤가? 재롱 잘 피는 사람 원숭이?"

"좋습니다."

"수당은 한 달에 2백만 원 어떤가?"

"좋아요"

그래서 어떤 대학생이 채택 되었어요. 그 대학생은 재롱을 잘 피워서 관객에게 사랑을 듬뿍 받았죠. 그런데 그만!!! 원숭이가 나무를 타다가 아래에 사자 우리가 있었는데 거기에 떨어져 버린 거예요. 인간원숭이는 매우 쫄아서

"헐, 할렐루야.. 주님 도와주시옵쏘소~~ 이랬죠?"

그런데 사자가 어슬렁 거리면서 딱 인간원숭이한테 다가오드만 머라 했게염?

"처음이라 힘들지? 나도 아르바이트생이야."

◉ 어느 날 만년 계장 칠복이는 부하 직원들과 함께 3차로 향하며 말했다.

칠복이 : 야, 너희들 나 책임질 수 있어?(딸국!)

부하들 : 그럼요, 걱정 꽉 붙들어 매십시오.

결국 칠복이는 3차에 술을 마시다 잠이 들어 골아 떨어지고 말았다. 다음날 아침 서늘한 한기에 잠을 깼다. 칠복이는 자신의 배 위에 올려진 짤막한 메시지와 함께 도로 위에 누워 있는 자신을 발견했다.

"밟지 마시오."

◉ 중대장이 신병들을 불러 모았다.

중대장:여기 미술 전공한 놈 있냐?

병사 1 : 옛, 제가 디자인 전공했습니다.

중대장 : 어느 대학인데?

병사 1 : Y대입니다.

중대장 : 야, 그것도 대학이냐?

병사 2 : 제가 H대 미대 출신입니다.

중대장 : 그래? H대 출신이야?

병사 2 : 옛, 그렇습니다.

중대장 : 잘됐다. 족구 시합하게 이리 와서 줄 좀 그려라!!!

가장 듣고 싶은 소리

자동차 사고로 죽은 세 친구가 천당 어귀에서 질문을 받았다.

신 : 식구들이 그대의 죽음을 슬퍼할 때 어떤 소리가 가장 듣고 싶었는가?

친구 1 : 내가 훌륭한 의사였고 훌륭한 가장이었다는 소리가 듣고 싶었습니다.

친구 2 : 훌륭한 남편이자 훌륭한 교사였다는 소리가 듣고 싶었습니다.

친구 3 : 그들의 입에서 "이봐, 이 사람 움직이고 있잖아!"라는 소리가 나와줬으면 했습니다.

놀라운 추리력

놀라운 탐정 셜록홈스가 어느 날 왓슨에게 말했다.

홈스 : 왓슨, 자네 오늘도 검은색 팬티를 입고 있구면.

왓슨 : 역시, 대단하네! 아니 어떻게 그걸 추리했나?

홈스 : 아주 쉬운 일이지. 왓슨, 자네는 지금 바지를 안 입었으니까...

왓슨 : 엇!!

콧구멍 크기 대회

세계적으로 콧구멍 크기 대회가 열렸다. 미국 사람이 콧구멍에서 자동차를 꺼냈더니 사람들이 열광했다.

그 다음엔 일본인이 나와서 비행기를 꺼냈다. 그러자 사람들이 환호성을 지르며 난리였다. 마지막엔 한국 사람이 나와서 너구리 2마리를 꺼냈다.

그러자 앞에 사람들보다 수준이 낮아서 사람들이 "우~ 우~"거렸다. 그러자 너구리가 말했다.

"어서 오세요. 여기는 롯데월드입니다."

터프한 닭

어느 농부가 닭을 3마리 키우고 있었다. 빨간 닭, 파란 닭, 녹색 닭. 그러던 어느 날 빨간 닭을 잡아서 털을 뽑으려 하는데 빨간 닭이 이렇게 말했다.

빨간 닭 : 이봐, 닭장사 한두 번 해? 목부터 따야지!!

농부는 빨간 닭이 너무 터프해서 파란 닭을 잡기로 마음을 바꿨다. 그래서 물을 한참 끓이고 있는데 파란 닭이 성큼성큼 오더니 끓는 물에 발을 퍽 담그면서 말했다.

파란 닭 : 물은 이만하면 됐고 된장은 준비 됐나?

농부는 파란 닭도 너무 터프해서 녹색 닭을 잡기로 했다. 이번에는 닭이 선수치지 않게 잽싸게 잡아야겠다고 생각한 농부는 녹색 닭을 잡아서 털을 막 뽑았다. 털을 막 뽑고 있는데 녹색 닭이 낮은 음성으로 이렇게 말했다.

녹색 닭 : 형씨, 구레나룻은 건들지 마요.

아홉 번째 유머

나 : 너 두 발로 걷는 쥐가 뭔 줄 알아?

친구 : 몰라

나 : 미키 마우스잖아~ 똘추 같애. 그럼 두 발로 걷는 개는?

친구 : 몰라(또는 구피)

나 : 그럼 두 발로 걷는 오리는?

친구 : (자신 있게) 도널드 덕!

나 : 땡~ 오리는 다 두 발로 걸어.

맛있는 라면

여자 아이 : 아, 배고프다.

남자 아이 : 나두 배고파, 쓰러지겠어.

여자 아이 : 내가 라면 맛있게 하는 집 아는데 거기 가서 라면 먹자.

남자 아이 : 좋지!!!

라면 전문점에 도착한 두 아이.

여자 아이 : 아저씨~ 라면 2인분 주세요.

잠시 후, 라면이 나오고 라면을 먹는데…

아이들 : 우웩!!

여자 아이 : 우욱.. 무슨 라면 맛이 이래!!

남자 아이 : 토할 것 같아.

여자 아이 : 아저씨!! 일주일 전에는 맛있었는데 오늘은 왜 이래요!

라면집 아저씨 : 그럴 리가 있나. 일주일 전에 같이 끓인 건데… 아이들 : 우 웩~

포도주

유태인 소년이 있었어. 어느 날 아빠가 소년에게 심부름을 시켰단다. 가게에 가서 포도주를 한 병 사 오라는 거야. 소년은 당연히 아빠에게 말했지. "아빠, 포도주 사게 돈 주세요."

그러자 아빠가 말했지. "돈이 왜 필요하니? 돈 주고 사는 걸 누가 못하겠니? 재미도 없고… 그냥 사서 구해 와!"

"알았어요. 아빠. 구해 올게요."

소년은 밖으로 나갔어. 그리고 한참 뒤 빈 병을 하나 들고는 들어오는 거야. 아빠가 버럭 소리를 질렀지.

"맹꽁아, 누가 빈 병을 가져 오래?"

그러자 소년이 말했지.

"포도주가 필요해요? 포도주를 마시고 취하는 걸 누가 못하겠어요. 재미도 없고요. 그냥 빈 병으로 음냐 음냐 취해 보세요."

사형

어떤 유태인이 사형을 당하게 되었어.

사형 집행인이 사형수에게 마지막 소원이 뭐냐고 물어봤단다.

"말해 봐. 마지막 소원이 뭐냐?"

"딸기가 먹고 싶어요."

"그건 안 돼. 지금은 겨울이니깐 내년 여름까지는 딸기가 나오지 않아. 다른 소원을 말해 봐."

"걱정 마세요. 내년 여름까지 기다리면 돼요. 나는 시간이 얼마든지 있거든요."

어느 신사의 변명

어느 날 길가에서 호화로운 옷차림의 신사에게 다가선 거지는 먹을 것을 사야겠다면서 1만 원을 구걸했다.

"잔돈 가진 것이 없네. 하지만 술을 대접하겠네."

라고 신사는 말했다.

"고마운 말씀입니다만 저는 술을 못합니다."

"그럼 내가 담배를 사 주지."

"아닙니다. 담배를 태우지 않습니다."

"좋아, 그럼 경마장엘 가세. 내가 자네 말에 돈을 걸어줄 테니."

"아닙니다. 도박은 아예 하지를 않습니다."

신사는 거지의 팔을 잡으면서 말했다.

"우리 집에 가서 식사를 하세."

사내가 담배도 안 태우고 술도 안 마시고 도박도 안 하면 어떤 꼴이 되는지 우리 마누라한테 보여 줘야겠어.

되게 그러네

경상도 할머니 한 분이 독립기념관에 나들이를 갔다. 한참을 돌아다니느라 피곤하신 할머니가 의자에 앉아 쉬는데 경비원이 다가와서 말했다.

"할머니! 이 의자는 김구 선생님이 앉던 자리입니다. 앉으시면 안 돼요."

그래도 할머니가 태연히 앉아 있자, 경비원은 다시 한 번 김구 선생의 의자이니 비켜 달라고 부탁했다. 경비원의 말을 가만히 듣던 할머니가 화를 벌컥 내며 한마디 했다.

"아, 이 양반아! 주인 오면 비켜 주면 될 거 아이가!"

영감의 약

노부인은 모처럼 시집간 지 오래된 딸네 집에 갔다. 사위는 반갑다며 아끼고 아끼던 고급 위스키를 한 잔 장모님께 드렸다. 처음 위스키를 마셔본다며 한 모금 마신 노부인은 고개를 갸우뚱한다.

"왜요, 장모님 맛이 이상하세요?"

"아니야, 영감이 30년간 약이라면서 혼자 복용하던 거와 맛이 똑같아서 그러지."

단거

달봉이는 단 거를 좋아했다. 너무나 단 거를 좋아해서 집에 가도 설탕, 사탕, 엿 등등 단 거는 모조리 찾아먹는 아이였다. 달봉이가 하루는 친구네에서 놀고 있는데, 잠깐 친구가 밖으로 나갔다. 잠시 후 친구는 달봉이의 비명소리를 들었다. 병원에 실려간 뒤 친구는 달봉이에게 물어보았다.

"너 어쩌자고 그걸 먹었냐?"

그러자 달봉이가 하는 말, "난 그냥 단 거인 줄 알고 먹었어...."

병을 찾아보니 거기엔 이렇게 쓰여 있었다.

"Danger"

아버지와 아들

팔복이가 아버지에게 물었다.

"아버지들은 아들보다 항상 더 많은 것을 알고 있나요?"

"물론이지." 아버지가 대답했다.

"비행기를 발명한 사람은 누구예요?"

"라이트 형제지."

그러자 아들이 묻는 말.

"그럼, 왜 라이트 형제의 아버지는 그걸 발명해 내지 못했나요?"

전보

동명이인이 아랫집 윗집 서로 이웃하여 살고 있었다. 그런데 아랫집 사람이 아프리카로 여행을 떠난 그날 윗집 사람은 세상을 떠났다. 아프리카에 도착한 아랫집 사람이 자기 집에 전보를 쳤는데 하필이면 이 전보가 사망한 윗집 사람의 미망인에게 갔다.

"무사히 도착했소. 끔찍이 뜨겁구려."

새들의 울음소리

참새는 짹짹,
오리는 꽥꽥,
까마귀는 까악까악,
비둘기는 구구구구.
제비는 어떻게 울까?
"사모님"

아저씨 누구세요?

매일 꼴찌만 하는 아이가 있었다. 아들이 매일 꼴찌만 하자 더 이상 참지 못한 아버지는 시험 전날 아들을 불렀다. 그리고 중대 발표를 하듯 한 가지 제안을 했다.
"아들아, 네가 만약 꼴찌를 안 한다면 소원 하나를 들어 주겠다. 그러나 또 다시 꼴찌를 하면 너는 더 이상 내 아들이 아니다."

다음날 아들이 시험을 보고 돌아왔다. 아버지는 아들에게 물었다.

"얘! 어떻게 됐니?"

그러자 아들이 대답했다...

"아저씨, 누구세요?"

결혼한 이유

결혼한 지 3개월이 지난 부부가 다정히 앉아 미스코리아 선발대회를 보고 있었다. 그런데 갑자기 부인이 남편의 팔짱을 끼고 다정한 목소리로 말했다.

"여보, 자기는 내가 저 10번처럼 섹시해서 결혼했어? 아니면 16번처럼 예뻐서 결혼했어?"

한참을 멍하니 쳐다보던 남편이 말했다.

"그런 당신의 유머감각 때문에 결혼했지."

어느 경상도 모자의 아침

소년은 아침에 일어나서 이불도 안 개고 일어났다. 그런데 엄마가 개주고 있는 게 아닌가?

툭툭, 턱(이불 개는 소리)

어차피 또 저녁에 잘 건데 왜 개비노?(경상도 사투리)

툭, 툭, 턱!!

이불을 다 개고 엄마가 하는 말씀.

"그라몬 나는 어차피 죽을 긴데 왜사노?"

불이야

사건이 났다. 담당 형사가 그 지점으로 갔다. "후, 자살인가?"

다른 형사가 말했다. "자살이라고 볼 수는 없는데요?"

그래서 그 남자의 부인에게로 갔는데 그 여자의 미모에 빠져서 결혼을 하게 됐다. 그런데 자꾸 부인이, "만약 불이 나면 어떻게 할 건가요?"

라고 했는데, 남편은

"뭐, 그냥 뛰어내리지.."라고 했다.

그날 밤

"불이야! 불이야!!"

남편이 잠이 확 깨서 무의식중에 베란다로 갔는데 밑을 보자마자 정신이 번뜩 들었다. 그리고 뒤를 본 남편은 다리가 풀리고 말았다.

뒤에서는 아내가 촛불을 들고 외치고 있었다.

"불이야!! 불이야!!!"

초보 조종사

한 남자가 있었다. 어느 날 그 남자가 비행기 운전 교본을 들고 항공기를 몰기 시작했다.

먼저 엔진에 시동을 걸고, 기어를 넣고 조종간을 앞으로 당기고…

그는 책에 써 있는 대로 하나하나 과정을 따라 해서 드디어 멋지게 이륙에 성공했다. 그 후 착륙해야 할 순간이 되자, 그는 다시 책을 펼쳐 들었다. 그런데 책에 쓰여 있는 글을 보고 그만 기절하고 말았다. 착륙편은 다음 호에 계속.

손오공, 저팔계, 사오정

손오공이 속옷가게에 가서 점원에게 말했다.

오공 : 누나 팬티7장 주세요.

점원 : 어머, 오공이는 돈이 많나 봐.

오공 : 뭘요, 월 화 수 목 금 토 일 하루에 하나씩 입어 줘야죠

점원 : 생긴 것만큼 깨끗하구나.

잠시 후 저팔계가 들어와 말했다.

팔계 : 누나 팬티 3장만 주세요.

점원 : 아까 오공이는 7장 사갔는데 3장만 사?

팔계 : 이틀에 한 번씩 갈아 입으려구요.

이번엔 사오정이 들어와서 목소리를 쫙 깔며 말했다.

오정 : 누나 팬티 4장만 주세요.

점원 : 오정아, 니가 팔계보다 1장 더 사 가는구나.

그러자 오정이는 어깨에 힘을 빡 주며 하는 말.

오정 : 봄, 여름, 가을, 겨울로 갈아 입어야죠~!

학생이 목격한 실화

야간수업을 마치구요 집에 가는 길이였습니다. 집이 광안리에 있는지라 집에 가서 또 라면 먹어야 하는 고민과 함께 집으로 가는 51번 버스를 탔읍죠. 야간 5교시까지 하면 얼마나 배고픈지 모를 겁니다. 배고파서.. 차야 어서 가라 하면서 먹을 라면 종류를 생각하고 있었는데 뒤에 오던 아마 134번 용당으로 가는 버스일겁니다.

앞지르기를 시도하다가 우리의 51번 운전기사 아저씨와 경쟁이 되어서 드디어 싸움까지 되었습니다. 신호등 앞에서 두 버스가 마주치게 되었는데 51번 버스 아저씨와 134번 아저씨가 동시에 문을 열고 피 튀기는 말싸움에 돌입했습니다.

결국은 우리의 51번 아저씨가 열을 받을 대로 받아 134번 버스로 올라가 또 싸움이 되었죠.

정말 흥미진진했습니다. 우리는 속으로 아저씨 이겨

요. 아저씨의 능력을 보여 주세요 라고 응원했는데 젠장 ~~ 134번 기사아저씨가 신호등 바뀌자마자 우리의 51번 아저씨를 실은 채 떠나버린 겁니다.

휭..

그 순간 51번 버스에 있는 사람은 멍해졌습니다. 기사 없는 51번 버스 안에 찬바람이 휭 하고 불었던 것이었습니다. 우쒸~~~

기사 아저씨 언제 오냐 기다리고 있는데 100미터 전방 유엔묘지 커브 도는 데서 열심히 뛰어오는 51번 기사 아저씨를 보았더랬습니다.

엄청 불쌍해 보이더군요. 얼굴 빨개지고..

들어와서 죄송합니다. 죄송합니다. 하고 운전을 계속하기 시작하셨습니다. 아저씨가 불쌍해요. 정말루,,,

땀 삐질삐질 불쌍한 아저씨… 51번 버스는 패배했던 것입니다.

그런데 문제는 지금부텁니다.

2분 뒤, 뒤에서 경찰차가 쫓아오는 것이었습니다.

우렁찬 경찰차의 스피커로 51번 갓길로 대세요.

갓길로 대욧, 신경질적인 경찰의 목소리...

경찰의 지시에 순순히 따르는 51번 아저씨. 우리는 이렇게 생각했습니다. 134번 한테 깨지고 이제는 경찰한테까지 깨지는구나.

그런데 올라온 경찰의 한마디가 걸작이었습니다.

빨리 차 Key 주세요. 그렇습니다. 우리의 51번 아저씨는 134번 버스 차 키를 들고 뛰어온 것이었습니다. 오도 가도 못하고 있는 134번 차 안 승객은 또 한번 뒤집어졌고, 51번 아저씨의 능력을 보고야 말았던 것이었습니다.

12번째 유머

나 : 영희네 가족은 엄마, 아빠와 7자매야. 자매의 이름은 빨숙이, 주숙이, 노숙이, 초숙이, 파숙이, 남숙이가 있거든. 그렇다면 막내의 이름은 뭘까?

친구 : 보숙이

나 : 내가 처음에 영희네 가족이라고 했잖아. 영희지.

13번째 유머

나 : 올챙이는 찬물에 알을 낳을까? 따뜻한 물에 알을 낳을까?

친구 : 음… 찬물!(아니면) 따뜻한 물!

나 : 땡~ 틀렸어. 올챙이가 어떻게 알을 낳아?

관을 썼다고 글을 아나

글을 읽을 줄 모르는 무식한 양반이 있었다.

어느 날, 이 양반이 관을 쓰고 뜰을 거닐고 있을 때 하인 하나가 다가왔다.

"주인 어른, 이 편지에 뭐라고 써 있는지 알 수가 없어서요…"

하인은 허리를 굽신거리며 편지 한 장을 내밀었다.

"내가 그걸 어떻게 아느냐?"

"아니, 관을 쓰신 분이 이 편지를 읽을 줄 모른단 말입니까?"

하인은 눈을 동그랗게 뜨고 말했다.

"그렇다면 네가 이 관을 쓰고 읽어 봐라."

아빠 고양이지

만원 버스에서의 일이다.

6살된 남자 꼬마 아이가 엄마에게 물었다.

"엄마, 우리집 고양이는 아빠 고양이야, 엄마 고양이야?"

"그야, 물론 아빠 고양이이지."

그러자, 아이는 고개를 갸웃거리며 다시 물었다.

"엄마, 엄마는 어떻게 아빠 고양이인 줄 알아?"

버스 안의 많은 사람들은 갑자기 이쪽으로 귀를 기울였다. 어머니가 어떻게 대답을 할까 모두들 궁금했던 것이다.

어머니는 잠시 생각에 잠기더니 이렇게 말했다.

"그 고양이는 수염이 났잖니."